TOUR DE VICES

BRUNO ROUSSEL

TOUR DE VICES

HACHETTE
Littératures

À Gwénhaëlle,
Éléna et Valentin.

Sommaire

Préface

Voilà bientôt trois ans que l'affaire dite Festina a éclaté, six mois qu'elle a été jugée et les responsables au plus haut niveau refusent obstinément de faire leur autocritique. Moi qui ai été le seul dirigeant cycliste à m'être déclaré responsable et coupable d'un système qui m'a rattrapé, je ne peux tolérer la faillite de leur gestion individuelle et collective. Ils ont précipité le discrédit d'une discipline qui ne parvient pas à se débarrasser de ses vieux démons. Bien sûr, le cyclisme en a souffert, comme j'ai pu en souffrir. Je n'étais pas né pour être directeur sportif, du moins pas celui-là, entraîné au cœur d'un gouffre sportif général et d'une tempête intérieure depuis juillet 1998. Aussi, tout en moi est révolté par l'inertie et la compromission persistantes des décideurs. Ceux qui, ce n'est pas anodin, ont été unanimement déboutés de leurs plaintes en dommages et intérêts pendant le procès Festina.

Alors que je dirigeais la première équipe mondiale, j'ai été amené à côtoyer la sphère des gouvernants. Tout a été dit sur les affaires de dopage, sur les mœurs troubles du peloton, sur le télescopage des mondes sportif et pénal, mais il manque la pièce la plus significative du puzzle : celle qui donne corps à l'ensemble.

Et qui met en cause les décisionnaires qui ont contribué au délabrement d'un sport qui ne mérite pas cela. Ils avaient un rôle capital à jouer et ils ont échoué. Par intérêt, par lâcheté. Au sommet de leur pyramide, les secrets des pharaons sont bien gardés. Au-dessus du jeu qu'ils ont organisé, ils tirent les ficelles de leurs marionnettes, prospèrent sur leur dos, au mépris de toute décence.

Il n'est plus question de s'attarder sur les maillons de la chaîne mais sur ceux qui en détiennent le cadenas. Il ne faut pas non plus s'arrêter aux coulisses des exploits mais bel et bien demander des comptes aux gestionnaires du théâtre. Je veux parler des instances sportives, des organisateurs, des médecins, des sponsors, de ceux qui invoquent une éthique qu'ils ne respectent pas.

Qui ne dit mot consent. J'ai failli une première fois en me perdant dans un marasme collectif. L'éducateur que je suis ne veut pas être à nouveau complice d'une dégénérescence cynique en se taisant aujourd'hui.

Je ne pouvais pas faire comme si de rien n'avait été.

1

1997, un Tour de magie !

L'été 1997 venait de sonner. La cloche ne tarderait plus à libérer la France des bureaux, des commerces et des écoles. Pour nous, l'heure était aux derniers devoirs de vacances avant de nous mettre à l'ouvrage. Notre Tour arrivait.

Nous venions d'en terminer avec le Critérium du *Dauphiné libéré*. Il était prévu de longue date de passer les premiers beaux jours dans le Sud-Ouest, dernière station de ravitaillement avant trois semaines à rouler pleins gaz. Un stage de reconnaissance des étapes pyrénéennes sur trois jours, après celui effectué dans les Alpes trois semaines plus tôt, ponctuait nos réglages. Une révision générale, un ultime état des lieux, ceux de nos prochaines conquêtes.

Nous connaissions notre texte par cœur, et bientôt toutes les routes. Notre chanson de geste n'attendait plus qu'une foule en transhumance et une scène gigantesque pour créer le tube de l'été. Tout avait été prévu, minuté. Nous avions les hommes pour nous battre, les armes pour nous défendre. Les événements ne le démentiront pas. À l'unanimité des observateurs, nous avons largement contribué à faire de ce Tour l'un des plus exaltants de l'après-guerre, l'un des plus haletants. Un Tour à l'ancienne, a-t-on dit. Mais nous étions bien de notre temps, au sommet d'une modernité en passe d'être dépassée.

Et on avait parfaitement préparé notre affaire.

On s'était tous retrouvés comme convenu. Le rendez-vous avait été donné le 22 juin au soir, à l'hôtel Ibis de Pau-Lescar, au rond-point de la route de Bayonne, celle qui file vers l'aéroport. Nos déplacements ne souffraient aucune approximation : Richard Virenque avait débarqué à l'aéroport de Pau à 21 h 40 en provenance de Marseille. Laurent Brochard arrivait en avion de Paris à 22 h 35, tout comme moi. Il était encore un passager comme un autre. Trois semaines plus tard, le 14 juillet, il levait les bras au sommet de Loudenvielle, vestibule d'un sacre qui allait ensuite le porter sur le toit du monde à San Sebastián.

Willy Voet avait pour sa part récupéré Joona Laukka au péage de Béziers avant de passer prendre Christophe Moreau et Laurent Dufaux au buffet de la gare de Narbonne. Enfin, notre mécanicien Jacky Bordener avait cédé le volant de sa 406 break à l'entraîneur Antoine Vayer, venant de Lyon en camionnette non sans avoir fait un crochet par la gare de Narbonne pour récupérer Enrique Ferreres, notre soigneur espagnol, à 13 heures. Après une dernière semaine de répit en famille, tout notre petit monde se retrouvait sur le pied de guerre, prêt à débusquer les pièges des trois étapes à venir, Pau-Loudenvielle le 14 juillet, Luchon-Andorre puis Andorre-Perpignan. Prêt à en poser aussi.

Mais nos certitudes venaient de plus loin. D'un an plus tôt.

La 17ᵉ étape du Tour 1996 qui ralliait Argelès-Gazost à Pampelune constituait, presque de bout en bout, une muraille de Chine sur... 262 kilomètres qui s'étendait sur les cols du Soulor, de l'Aubisque, du Soudet (1ʳᵉ catégorie), de Marie-Blanque (2ᵉ catégorie), deux autres ascensions de 4ᵉ catégorie, et du port de Larrau, un pic hors catégorie ouvrant sur la province de Navarre. Sur une carte, parmi tant d'autres, ce col frontalier culminant à 1 573 mètres ne paie pas de mine. Mais sa rudesse, à 107 bornes de l'arrivée, permettait toutes les audaces. Lors de la reconnaissance du parcours, un mois auparavant, les coureurs avaient remarqué cette pente rêche, ce bitume râpeux, cette déclivité pénible à dompter et des passages aux pourcentages de dénivelé décourageants : quinze kilomètres à 8 % de dénivelé moyen et quelques portions à 14 %. Au terme de l'escalade, on s'étaient tous passé le mot : si une attaque devait être déclenchée, ce serait là, et pas ailleurs.

Tactiquement, l'endroit semblait en effet idéal : le peloton se serait déjà coltiné deux cols avant de buter sur ce sillon escarpé. Le scénario de notre entreprise se réalisa comme prévu. Dans l'absolu, le fait est rarissime. Notre plan de course n'avait souffert d'aucun contretemps. Mais il était dit que le vent nous portait. Rappelez-vous : ce fut le jour où Miguel Indurain, alors quintuple vainqueur consécutif, concéda plus de dix minutes à l'arrivée de sa bonne ville de Navarre en s'engluant sur les pentes de Larau. Ce fut le jour où Bjarne Riis enfonça le clou de son succès final. Ce fut le jour où Laurent Dufaux s'imposa après plus de sept heures de selle. Ce fut surtout le jour où l'on comprit qu'une approche volontaire et réfléchie nous mettait dans le vrai.

Comme on le dit dans notre jargon, on pouvait faire « péter » le Tour de France. Dans ce col de Larau, sur l'ergot le plus pentu, nous avions mis le feu aux poudres. Le peloton, déjà fourbu, se disloquait. Seuls Bjarne Riis, Jan Ullrich, Luc Leblanc, Piotr Ugrumov, Fernando Escartin et Peter Luttenberger avaient pu accompagner Virenque et Dufaux. Au final, Laurent s'adjugeait l'étape devant le Danois, Richard terminant troisième. Mais au-delà de cette victoire de prestige sur les terres espagnoles de notre sponsor se profilait l'espoir de faire encore bien mieux : jouer la gagne à Paris. Voilà pourquoi j'ai écrit le mot certitudes un peu plus haut. L'équipe s'en était persuadée.

Pour les coureurs comme pour le personnel d'encadrement, la vision du Tour prenait une autre tournure. On avait pu peser sur l'épreuve, dicter nos ambitions encore ponctuelles, imposer une manière d'agir. Un an plus tard, nos convictions ne nous avaient pas quittés. Si on avait pu le faire une fois, on pouvait dès lors le répéter.

Nous mettions sur pied ce genre d'opération depuis 1994. À l'époque, l'équipe Festina était la seule à organiser des stages sur le terrain des étapes de montagne, aussi bien dans les Alpes que dans les Pyrénées, comme des épreuves chronométrées. Une stratégie qui a été reprise, développée et affinée par la suite : en mai 1999 et 2000, Lance Armstrong s'était éloigné des terrains de la compétition pour venir renifler deux semaines durant ceux des étapes du Tour, avec le succès que l'on sait.

C'est Joël qui avait balisé notre bref itinéraire : le Royal Hôtel de Luchon, le Castelet d'Ax-les-Thermes puis l'hôtel Paris-Londres à l'entrée d'Escaldes, en Andorre. Joël Chabiron était le responsable logistique de l'équipe. Ce rôle lui était revenu peu à peu. Passionné de vélo, dirigeant de club, il avait fait son chemin en conduisant la voiture Europe 1 qui abritait Jacques Anquetil durant le Tour de France. Ancien commercial dans le textile, Joël était maintenant le doyen de l'équipe Festina, pour laquelle il avait d'abord rendu de menus services quand celle-ci n'était encore que modeste, installée en Espagne, sans leader ni notoriété. Joël connaissait nos exigences. Un coup de fil à la Société du Tour de France lui permettait de connaître la future liste des hébergements. Il avait donc réservé les hôtels qui nous attendraient quelques semaines plus tard au cœur de l'action. Les coureurs se familiarisaient ainsi avec les lieux, on rendait visite au tenancier, au cuisinier, ce qui n'est jamais superflu en cas de besoin. On repérait même les meilleures chambres, les plus spacieuses, les moins bruyantes, celles qui donnaient sur un jardin plutôt qu'au-dessus d'une aération d'arrière-cuisine ou de parking. On pensait coureur, on vivait le détail. Bref, on réduisait la place du hasard, de l'aléa, le tout dans une atmosphère décontractée. Le stress viendrait bien assez tôt.

Cette fois, les épouses n'avaient pas été conviées. À l'inverse des idées reçues et des bons vieux préceptes perpétués par les traditions misogynes bien ancrées du milieu, j'avais accepté qu'elles puissent nous rendre visite le temps d'un stage ou d'une période opportune dans la saison. La décontraction collective y gagnait.

Mais la minutie de notre démarche n'empêchait pas les petits accrocs. Par exemple, tout semblait accueillant et propice à la bonne récupération dans notre hôtel de Luchon : un service impeccable, un établissement de caractère donnant sur la charmante place des Quinquonces, un calme bienfaiteur. Ce qu'on ignorait, c'est que le grand chapiteau du Tour allait y planter ses tentes dès l'aurore le jour dit, transformant les lieux en foire du Trône.

L'ossature de l'équipe du Tour était concernée par tous ces repérages. Et quand je parle d'équipe, j'englobe les mécaniciens, les soigneurs, l'entraîneur qui gravitent autour des coureurs. Le but était de créer avant l'heure un environnement favorable sur un terrain connu, de préparer un schéma qui limitait l'improvisation logistique, d'amener les coureurs dans les meilleures dispositions.

Gianluca Bortolami, Didier Rous et Neil Stephens, qui disputaient la Route du Sud, ainsi que Pascal Hervé, faisant de son côté ses gammes sur le Tour de Suisse, n'avaient pu se joindre à nous. Qu'à cela ne tienne : à l'inverse de mes anciens congénères, j'avais arrêté la liste des neuf titulaires durant l'hiver qui précédait, et non dans l'imminence du départ. Sauf accident, bien sûr. Ainsi fait, pas d'embrouilles : chacun connaissait ses responsabilités et avait le temps de travailler son rôle.

Ce matin du 23 juin, le photographe Bruno Bade nous avait retrouvés peu après le petit déjeuner. Un soleil magnifique s'étirait sur les façades alentour, l'air sentait le tiède, et la foule restait encore dispersée. Sur les cimes qu'ils allaient escalader dans la journée, les coureurs allaient expérimenter une chasuble créée par « Air-Protect » ; un tablier triangulaire déroulé sur le thorax qui atténuait les chocs thermiques entre les montées et les descentes de cols. Le départ de cinq heures de selle fut donné vers les 11 heures. En chemin, le petit groupe s'était recueilli au pied de la stèle de Fabio Casartelli, le champion olympique italien qui avait trouvé la mort dans la descente du col du Portet d'Aspet en juillet 1995. Les coureurs avaient mis pied à terre une bonne dizaine de minutes et si Richard, là encore, repartait bon dernier, c'était pour la bonne cause : deux ans plus tôt, il avait remporté l'étape de Cauterets, sa première grande étape du Tour, sans savoir qu'un des siens gisait dans son dos.

En fin d'après-midi, notre petite caravane fit halte comme prévu à l'hôtel du Castelet. On avait l'habitude d'y descendre quand on participait à la Route du Sud, une course à étapes du mois de juin. On n'avait plus qu'à étudier tranquillement sur les cartes l'itinéraire du lendemain. Le plus souvent, le groupe se scindait en deux au pied des ascensions. J'étais derrière eux, calé en seconde, à roulotter comme une voiture-balai derrière un peloton miniature. Si je fermais la marche, Richard, lui, emmenait la troupe, se piquant au jeu dès que le point culminant était en vue. Qu'elle semblait loin derrière lui son infection dentaire, cette dent de sagesse qu'il avait dû se faire extraire, nuisant à son rendement habituel sur le Critérium du *Dauphiné libéré* au point que la presse spécialisée s'inquiétait déjà de ses prochaines performances. Richard avait retrouvé l'appétit.

Un bon casse-croûte à mi-journée et la bonne humeur allait se répandre jusqu'en Andorre, dernière halte de notre repérage.

Richard montait en rythme cardiaque et le moral des équipiers suivait. Rien de tel qu'un leader pour montrer la voie. Richard était dans son élément : des routes à lacets, un exemple à suivre, des paysages qui le contemplent. Et le moment venu, le point crucial : une foule compacte, en rangs serrés, hurlant son nom dans la chaleur d'un été qui lui brûlerait le cœur à travers les points rouges incandescents qui traversent le maillot blanc de meilleur grimpeur.

Les garçons n'étaient cependant pas encore au faîte de leur transcendance, plutôt à leurs derniers préparatifs. Richard et ses hommes avaient testé une nouvelle série de boyaux. Réputé excellent descendeur, il cherchait là aussi ce qui se faisait de mieux en matière d'adhérence et de répondant. Tout comme Moreau, Dufaux et Stephens, son retour d'information était précieux, très souvent pertinent : réceptif, attentionné, minutieux, Richard était aux antipodes de la négligence.

Lors des reconnaissances des épreuves chronométrées, il n'hésitait pas à comparer les nouvelles technologies. Il était aidé par les connaissances précieuses d'Antoine Vayer qui lui déblayait le terrain avec un sens incomparable de l'étude de la performance. Avançant sur un même rythme de pédalage, avec une fréquence cardiaque identique, il mettait en concurrence les différentiels avant de faire son choix. Son intérêt était permanent et tous azimuts, de la tenue vestimentaire à la mécanique. Et l'éventail de nos partenaires comblait ses attentes.

Derrière Festina et sa grosse horlogerie, se cachaient trente-cinq autres enseignes prêtes à servir le groupe, les trois quarts œuvrant dans des secteurs technologiques de pointe.

Tout le monde se sépara dans l'après-midi du mercredi 25 juin à Toulouse. Richard repartit en voiture avec Willy ; Laurent Brochard et Christophe Moreau prirent un vol pour Paris, Laurent Dufaux pour Genève. Autre cadre, autre ambiance : la prochaine étape s'appelait Montlhéry. Virenque, Brochard et Moreau allaient y retrouver les dix autres coureurs de l'équipe Festina pour y disputer les championnats de France.

Vu la constitution de l'équipe, ses aptitudes en montagne et son récent entraînement, le maillot tricolore qui allait être décerné sur un circuit automobile n'avait pas de quoi nous faire tourner les sens. Le podium n'était pas assez élevé à nos yeux. Pour autant, Pascal Hervé ne fut pas loin de décrocher le bouquet en s'étant échappé avec Christophe Agnolutto à deux kilomètres de la ligne. Mais le regroupement en vue de la banderole était inévitable. En bon sprinter, Stéphane Barthe se fit plaisir.

La roue tournait, qui nous amenait à Rouen, départ du Tour de France. Les dates ? Du 5 au 27 juillet. Les hommes ? Virenque, Dufaux, Brochard, Moreau, Rous, Hervé, Stephens, Bortolami et Laukka, le seul néophyte. Les auxiliaires ? Roussel, Michel Gros, Joël Chabiron, l'équipe dirigeante ; Cyrille Perrin, Patrick Jean, Jacky Bordener, les mécaniciens ; Christine Rebetez, Willy Voet, Jean Dalibot, Enrique Ferreres et Paco Albelda, les soigneurs ; Antoine Vayer, l'entraîneur et Éric Rijckaert, le médecin. Les ambitions ? Folles et raisonnables à la fois. Folles parce qu'on visait tout simplement la victoire finale avec un Français, ce qui ne s'était plus produit depuis Bernard Hinault en 1985. Raisonnables, car il nous était permis de tout croire, de tout faire et de tout oser.

Pour la grand-messe de juillet, nous nous étions rassemblés dès le jeudi 3, la veille de la présentation générale des équipes. Nos routes convergeaient dans un premier temps vers les aéroports de Paris, avant de nous rendre sur place à 15 heures. Il fallait organiser le ramassage prévu collégialement vers midi. À Orly, le bus de Paco Albelda attendait Rous, de Toulouse, Laukka, de Béziers, Stephens, de Biarritz, Moreau, de Mulhouse, et Virenque, de Toulon ; le Milanais Bortolami et le Genevois Dufaux atterrissaient aux mêmes heures à Roissy. Quant à Brochard, le Manceau, il était véhiculé par Vayer, le Lavallois ; et Chabiron en faisait de même avec Hervé, qu'il allait prendre au péage de Châtellerault. Les autres auxiliaires n'étaient pas en reste. Gros, Voet, Dalibot et Rebetez avaient de leur côté récupéré les voitures peintes aux couleurs de Festina au garage du Tour de France à Évry avant de rallier la haute Normandie.

La presse en était restée au foyer infectieux dentaire qui avait miné le mois de juin de Richard. Et le temps pleuvotant qui dégoulinait sur Rouen n'était pas réjouissant. La saison précédente, il était monté sur le podium et ses prétentions affichées prenaient un peu l'eau pour qui regardait de l'extérieur. Richard en avait d'ailleurs pris ombrage, grinçant des dents à l'écoute d'un commentaire sceptique ou à la lecture d'une opinion volontiers grégaire. Souvent, il se montrait réactif, voire primaire, face à ceux qui pouvaient mettre en doute ses capacités. De la vraie graine de champion. Et si j'étais personnellement soucieux — je suis anxieux de nature — sa fronde me paraissait être un bon signe. D'ailleurs, son comportement lors du championnat de France, qu'il avait tenu à finir (7e), l'avait rasséréné.

« J'ai de bonnes sensations, Bruno. Je ne me trompe pas : je vais être bien. »

Dans notre hôtel de Rouen, j'avais programmé deux réunions, l'une le jeudi, l'autre le vendredi, après le dîner. La première, d'une heure et demie, rassemblait le personnel d'encadrement autour d'un verre. Mon message n'avait rien d'original mais il devait être bien ancré dans les esprits : lors d'un ultime passage en revue, je revenais devant tous sur le rôle de chacun, ce qui est autrement plus percutant que dit entre quatre yeux. La définition des tâches les plus anodines était fixée : par exemple, désigner le soigneur, en l'occurrence Willy, qui allait accueillir les coureurs au petit déjeuner avec leurs habitudes alimentaires, prêt à se rendre en cuisine pour chercher la petite cuillère manquante afin d'économiser les jambes du coureur. Le détail nous poussait jusque-là, enrôlant le même homme d'un bout à l'autre du Tour afin qu'il acquière les automatismes requis pour répondre aux moindres besoins, pour savoir que Stephens et Dufaux se réveillaient les premiers, que Brochard et ses petits yeux fermaient la marche. Les coureurs étaient nos chères têtes blondes, il fallait les bichonner plus que jamais. Quant à nos trois mécaniciens, ils savaient déjà qui conduirait le véhicule technique jusqu'à telle arrivée, qui effectuerait les derniers réglages de tel vélo du contre-la-montre. Tous ces hommes étaient des professionnels aguerris, qui ne comptaient pas leurs heures, surtout celles des petits matins ou des nuits tombées. Ils bossaient pour huit mille à dix-huit mille francs, sans treizième mois garanti, par tous les temps, avec une rare disponibilité. Ces types-là étaient exceptionnels ou ne tarderaient peut-être pas à le devenir. Un Willy Voet, par exemple, était une denrée rare. Non seulement par ses vingt ans passés au sein de plusieurs grandes équipes mais aussi par son dynamisme, son sens de la convivialité, communiquant sa bonne humeur et son accent flamingant. Il dépannait tout le monde : du dentifrice, une vis de lunettes manquante, un bobo au genou ou au cœur. Il trouvait toujours la pièce ou le mot juste. Son souci de l'organisation n'était pas non plus négligeable. Si bien que le Willy que j'avais connu chez RMO, levant la musette au ravitaillement ou portant les valises, était devenu au fil des courses le bras droit du médecin.

Puis, plus généralement, je mettais l'accent sur les responsabilités individuelles : l'équipe comptait sur chacun de ses membres. Un collectif est composé d'individualités comme une chaîne de maillons, et si l'un cédait, c'est tout l'équipage qui pouvait tomber à l'eau. J'étais le capitaine qui tenait la barre mais la bonne marche du bateau reposait sur le travail de tous, qu'il soit préposé à la voile, aux cordages ou aux cuisines. On embarquait pour un voyage au long cours, des grains pourraient nous secouer, surtout lors de la dernière semaine quand les nerfs seraient particulièrement mis à rude épreuve... Bref, je me devais de les valoriser, de dire un petit mot à chacun d'eux afin de personnaliser leur rôle. Cette réunion préludait aux vingt autres, plus courtes, qui allaient suivre chaque soir d'étape, aux alentours de 23 h 30, afin de revenir sur la journée effectuée et d'envisager la suivante. On prévoyait alors toutes les embûches à venir, les précautions à prendre. On s'organisait surtout pour ne pas arriver les derniers à l'hôtel ; et éviter ainsi de se faire refiler les moins bonnes chambres quand nos repérages ne nous avaient déjà pas amenés dans le coin. À vrai dire, ce cas de figure nous concernait moins. Depuis deux ans, l'équipe Festina était reçue avec tous les égards dus à son rang. Après tout, les personnels d'établissement faisaient partie du public du bord des routes.

Le lendemain soir, à la veille du prologue, mon petit topo s'adressait cette fois aux coureurs. Inutile avec eux de redéfinir une dernière fois leur rôle. Leur sélection remontait à l'hiver précédent, une situation unique dans le cercle des équipes, et sauf catastrophe ou méforme, ils avaient eu six mois pour se préparer aux exigences du Tour.

Ainsi, Gianluca Bortolami, spécialiste des classiques d'un jour, devenait un équipier dans les étapes de plaine afin d'abriter Richard. Pour deux raisons majeures : tout d'abord, son expérience accomplie dans les courses d'un jour au service d'un sens tactique aigu. Vainqueur de deux classiques et du classement général de la Coupe du monde trois ans plus tôt, le Toscan avait été recruté dans cette perspective mais son professionnalisme ne pouvait être négligé sur les routes du

Tour. Ensuite, le vélo de l'Italien correspondait aux cotes de celui de Richard — un demi-millimètre d'écart de hauteur de selle. En cas de pépin mécanique, sans attendre le dépannage, un échange quasi standard pouvait être effectué entre les deux coureurs.

Christophe Moreau était l'autre garde du corps de Richard. Gros rouleur mais encore un peu tendre, il avait pour tâche d'ouvrir la route à Richard en plaine mais aussi en moyenne montagne. Dans les cols, il devait s'accrocher jusqu'à cinq ou dix kilomètres du sommet, quand le peloton de tête comptait encore une vingtaine d'unités. Par la suite, il réduira cette distance. Christophe avait le coffre et la tête pour devenir un jour un leader, à condition de faire preuve de patience. Je lui avais d'ailleurs laissé entendre qu'après Virenque il pourrait bien être celui-là. Mais à l'époque, il n'en était pas encore à terminer 4e d'un Tour de France comme en l'an 2000.

Laurent Dufaux était l'autre coureur protégé du groupe. Stephens et Hervé, de gabarit identique, formaient sa garde rapprochée. L'Australien assurait son travail en plaine et le Tourangeau le relayait sur les hauteurs. Ses résultats dans les grands Tours, notamment la Vuelta (2e en 1996), et son endurance le plaçaient en solution de rechange. Ses défauts ? Un manque d'ego, de confiance en soi. Tout champion est pourvu d'un individualisme forcené et persuadé d'être dans le vrai. Face aux certitudes de Virenque, ses ambitions, rentrées ou non, le limitaient à remporter le Tour de Romandie ou le Critérium du *Dauphiné libéré*. Débarrassé du joug de Virenque, il était alors capable de succès probants sur des courses à étapes, ce que n'a jamais pu réaliser son chef de file. Mais comme Richard annonçait toujours la couleur, la sienne pâlissait du même coup.

Avec Laurent Brochard, alors équipier polyvalent, Didier Rous, le passe-partout, et Joona Laukka, désigné pour épauler son leader en haute montagne, chacun assumait sa propre responsabilité, sa mission, celle pour laquelle il avait eu huit mois pour se préparer. Et même un an : depuis le col de Larau du Tour 1996. Tous tendaient vers un objectif unique : gagner le Tour avec Richard Virenque.

Moi-même, j'en étais convaincu. Pas seulement pour l'avoir vu monter sur le podium l'année précédente. Ses qualités de grimpeur le plaçaient naturellement au-dessus du panier. Pas particulièrement sur une montée sèche mais dans l'enchaînement des cols. Plus l'individu manquait de force, d'oxygène et de courage, plus Virenque sortait du lot. Il avait vite saisi le parti qu'il pouvait tirer de ses aptitudes supérieures en matière de récupération et de volonté. Souvent d'ailleurs, il demandait à durcir la course. Il avait raison. La troisième semaine de course du Tour lui était toujours favorable. Cette différence, il fallait dès lors la préserver.

Depuis un an, Richard avait énormément travaillé pour combler sa lacune, une tare rédhibitoire pour beaucoup : le contre-la-montre. Sans renâcler, sans se départir des convictions qu'il avait su transmettre à ses équipiers, il s'était donné les moyens de réduire son handicap. Tout l'hiver, il avait procédé à de nombreux tests chronométriques avec l'ergonome Armel André, que ce soit sur la piste du vélodrome de Hyères ou dans la soufflerie de Saint-Cyr-l'École. Selon la position adoptée et le matériel utilisé, on calculait le rendement du coureur en établissant la puissance développée. Des capteurs étaient ainsi fixés sur les axes du pédalier pour mesurer les watts dégagés par le coureur et affiner l'équation puissance développée-pénétration dans l'air. Ajoutez à cela sa rage de vaincre, son état de transe dans l'imminence du rendez-vous, et la force d'un collectif aveuglément rompu à son service : oui, Richard pouvait remporter le Tour.

On était venus pour ça, pour la fin du Tour et non son début, comme ce prologue dans les rues de Rouen qui n'avait rien donné de bon. C'était attendu, redouté, et finalement constaté : sur les 7,3 kilomètres du tracé, Richard avait concédé 44 secondes au vainqueur Chris Boardman, mais surtout 42 secondes à Jan Ullrich. Consolation : Brochard et Moreau figuraient parmi les dix meilleurs temps.

Richard ne pouvait même pas cacher son dépit. Face aux caméras, il faisait la grimace, réagissant sur l'instant. Le soir, je l'avais rassuré. L'essentiel était sauf : il n'avait pas chuté. Je l'avais d'ailleurs bien mis en garde : il était absurde de prendre des risques... Les secondes perdues se retrouveraient ailleurs. Les occasions ne manqueraient pas ; nous les provoquerions.

Le Tour, on pouvait le gagner en montagne mais aussi le perdre avant même d'arriver au pied. À la vérité, la première semaine du Tour s'avérait la plus périlleuse pour nous. Parce qu'il ne s'y passait rien hormis des sprints, des cassures, des chutes. Tandis que nous rongions notre frein avant de lâcher les chevaux, nos préoccupations se concentraient sur cette antichambre remplie de pièges. Le mot d'ordre : ne pas bouger une oreille jusqu'aux contreforts des Pyrénées, ménager ses forces, prévenir le moindre tracas. L'imagerie populaire ne retient que les morceaux de bravoure et les histoires d'hommes évoluant à deux mille mètres. Le Tour est une tour, « la » Tour qui ne se donne qu'à celui qui entreprend de l'escalader.

C'est dans cette optique générale que je n'avais délibérément pas retenu de sprinter. Excellent finisseur, Marcel Wüst était régulièrement bouté hors de la sélection. Avec lui, une ou deux victoires d'étape étaient probables — il le prouva en l'an 2000 —, mais notre quête dépassait alors ce cadre réducteur. L'Allemand aurait pu m'en tenir grief mais Marcel avait bien compris le sens de notre entreprise. Un équipier pour Virenque était plus utile qu'un finisseur. Notre équipe, constituée de voltigeurs et d'alpinistes, était idéale pour crever les sommets, pour tutoyer les anges et faire son nid dans la fresque légendaire du Tour.

Dès le lendemain, au départ de la première étape en ligne, nous entamions notre série quotidienne de debriefings d'avant-course. Ce jour-là, il n'avait rien de révolutionnaire : esquiver et patienter. Nous nous réunissions habituellement dans une chambre de coureurs après le petit déjeuner pour mettre au point notre ligne de conduite. Le soir de chaque étape, le debriefing était individualisé. Je passais voir chacun des coureurs pour l'écouter et m'entretenir avec lui. Au cours des premiers jours, les consignes se ressemblaient : vigilance de bout en bout, particulièrement dans le final où le stress montait au sein du peloton au fur et à mesure que se profilait la ligne d'arrivée. Seul Laurent Brochard avait droit à un régime spécial : en raison de son bon chrono au prologue, le Sarthois pouvait jouer sa carte de puncheur puisque le Maillot jaune était alors à une poignée de secondes grâce au jeu des bonifications distribuées en cours de route. Mais l'après-midi changeait la donne du matin. Ainsi, une grosse chute avait jeté à terre des protagonistes à onze kilomètres de l'arrivée, relégués à plus d'une minute. Richard était passé au travers, pas Bjarne Riis, Alex Zülle, Fernando Escartin, Ivan Gotti, Laurent Dufaux ou encore Luc Leblanc. Ni Laurent Brochard.

L'espoir de gagner le maillot à pois faisait long feu au sein de l'équipe. Le Tour se poursuivait vers la Bretagne. Bortolami avait eu le feu vert pour se glisser dans une échappée vers Plumelec où Laurent Brochard, à défaut de jaune, endossait le maillot de meilleur grimpeur. Une spécialité maison. Ce n'était pas mon idée, je l'avoue, mais je ne m'y étais pas opposé, Richard tenait à ce que le maillot à pois soit dans l'équipe et le mimétisme avait joué. Ce maillot à pois nous permettait d'être dans l'actualité et les gars avaient au moins un os à ronger en attendant mieux. L'affectif peut parfois prendre le pas sur l'intérêt supérieur.

Le contretemps aussi. Alors que nous descendions l'échelle de corde vers les Pyrénées pour atteindre La Châtre le 11 juillet, une drôle de surprise nous attendait le soir à l'hôtel : notre masseuse Christine Rebetez, à deux doigts de perdre son bébé, avait été hospitalisée d'urgence à Châteauroux. Je tombais des nues. Personne ne savait qu'elle était enceinte depuis plus de deux mois. Jamais je n'aurais accepté qu'elle soit de ce long et éprouvant voyage si j'avais connu son état, et elle avait certainement redouté mon refus. Depuis le début du Tour, elle bossait comme un homme, portant les valises des coureurs, massant leurs jambes, dormant peu. Les routes secouantes avaient dû provoquer l'accident. L'embryon s'était en partie décroché de l'utérus. Christine avait perdu beaucoup de sang et son bébé courait un grand danger.

À peine arrivé, je repartis sur-le-champ lui rendre visite en compagnie de Willy. Le médecin qui nous reçut parla franchement : il s'en était fallu de peu qu'elle fasse une fausse couche. Aujourd'hui, il m'arrive encore parfois de penser à ce petit bonhomme qui s'appelle Maxime et qui doit courir dans le Jura suisse du haut de ses quatre ans.

Le Puy-du-Fou, La Châtre, Marennes, Bordeaux, Pau, 9, 10, 11, 12, 13 juillet, Minali, Vasseur, Blijlevens, Zabel, encore Zabel, tel était notre contre-la-montre. Nous ne faisions qu'attendre notre heure. Notre jour.

Notre Tour commença enfin, au dixième jour de course. Le lundi 14 juillet déjà, la veille au soir, les coureurs étaient perceptiblement entrés dans leur phase de concentration. Les conversations du dîner ne roulaient plus d'un bout à l'autre de la tablée ; Pascal Hervé et Didier Rous, les habituels boute-en-train, avaient remisé leurs blagues. Mélange de trac et d'impatience, la tension s'était substituée au calme ambiant. Chacun savait qu'on abordait une étape clé, que la presse, comme nos adversaires, nous attendaient. En soirée, lors du debriefing individuel, je n'avais pas mis de pression supplémentaire. Pas besoin d'en rajouter inutilement.

Au petit matin de l'étape Pau-Loudenvielle, j'exposai aux coureurs notre plan de bataille, tel un général sur une carte d'état-major : il fallait d'entrée durcir la course et Pascal Hervé serait notre premier volontaire. Il était pratiquement désigné d'office : capable de résister longtemps seul, il était doté d'un moteur turbo diesel qui l'emmenait loin à un rythme soutenu. Didier Rous était un autre éclaireur. Quant à Laurent Brochard et à Laurent Dufaux, ils avaient pour tâche d'accompagner Richard et d'intervenir dans le final, voire de faire diversion pour faire travailler l'équipe Telekom, celle de Jan Ullrich qui se positionnait déjà comme le prétendant le mieux placé au classement général. Mais quoi qu'il arrive, il fallait frapper fort et avoir constamment l'un des nôtres en tête de course. Les garçons en étaient convaincus et nul besoin de répéter le message. D'ailleurs, aucune question ne fut posée lors de ce briefing. De toute manière, une fois en course, on jouerait avec les émetteurs-récepteurs pour juger sur pièces.

Je pouvais replier la carte. L'opération Pau-Loudenvielle, 182 kilomètres, *via* les cols du Soulor, du Tourmalet, d'Aspin et de Val Louron-Azet commençait.

Nous étions arrivés au village-départ une demi-heure avant le coup d'envoi. La brume s'attardait sur le rassemblement. Le ciel des Pyrénées paraissait aussi obstrué que nos gorges. On jouait gros.

Dans ma voiture suiveuse de directeur sportif, mes mains étaient nouées sur le volant. Patrick Jean, le mécanicien, à l'arrière, savait lui aussi que la journée allait être longue, qu'un incident mécanique pouvait compromettre le plan que nous avions échafaudé, qu'il devait se tenir prêt à tout moment pour intervenir.

Voilà, c'est parti. Jean-Marie Leblanc a baissé le drapeau qui libère le peloton dans les rues de Pau.

Après seulement une trentaine de kilomètres, alors qu'on aborde bientôt les pentes du Soulor, Pascal Hervé me contacte par son émetteur.

« Bruno, Richard vient de me parler. Il a des jambes du feu de Dieu. Si ça continue comme ça, il se voit finir tout seul. En tout cas, il sent qu'il peut faire un gros numéro. »

La liaison est parfaite. La voix de Pascal est à peine saccadée. Le bonhomme a du souffle et va bientôt le montrer.

« Vu comment ça se passe, je vais me faire la belle, OK ? »

Pascal déclenche presque aussitôt les hostilités. Seul un Espagnol de l'équipe Kelme, Javier Pascual, parvient à accrocher sa roue. L'Espagnol ne collabore guère, finasse, mais Pascal s'en fiche. Tour à tour, il franchit les cimes sans sourciller avec Pascual sur le porte-bagages. L'Espagnol lâchera pourtant prise. Le raid d'Hervé durera cent kilomètres. Peu avant la jonction dans la descente d'Aspin, Didier Rous place alors un contre et revient sur Hervé en compagnie du Suisse Oscar Camenzind et de Laurent Brochard. Trois Festina sur quatre devant. Du velours. Dehors, la foule se fait oppressante, crie son bonheur d'ouvrir le passage. Dans la voiture, c'est le silence. Dans le rétroviseur, j'aperçois Patrick Jean constamment aux aguets. Il vit la course comme moi. Seule Radio-Tour crache ses informations, les écarts, nos espoirs. La voix de Philippe Bouvet, qui est aussi le responsable de la rubrique cyclisme de *L'Équipe*, nous relie à l'instantané. Camenzind collabore, et si Rous craque, Brochard parvient à décrocher le Suisse dans l'ascension du Val Louron. Avec l'avance qu'il possède, Laurent peut basculer en tête et filer vers l'arrivée. C'est jouable et mes mains deviennent moites. Le problème, c'est qu'il coince un peu sur le haut du Tourmalet. Si bien que Marco Pantani revient sur lui. Pantani, Ullrich et... Virenque. Brochard réussit toutefois à garder le contact, récupère, et place un dernier démarrage qui le fera arriver détaché sur les hauteurs de Loudenvielle. Une victoire française un 14 juillet, on ne pouvait pas rêver mieux. Une victoire Festina de bout en bout puisque Richard déborde Pantani au sprint pour s'offrir la deuxième place.

Et la première dans le cœur des Français : Luc Leblanc avait perdu en effet près d'une demi-heure dans l'histoire tandis que Jalabert avait cédé près de six minutes. Là aussi, la voie était dégagée. Virenque confirmait son statut, même s'il restait encore 1'30" à combler sur Ullrich qui n'était alors plus qu'à treize secondes du Maillot jaune retenu par un fil par Cédric Vasseur.

Nous n'en étions pas encore là. L'important était d'avoir vu tous les Festina aux avant-postes ou œuvrer dans l'ombre des versants. J'étais un directeur sportif comblé par la victoire d'un équipier et la force de son leader.

La satisfaction du devoir accompli avait gagné toute l'équipe. La presse nous tombait sur le râble. Elle n'avait eu que Cipollini ou Zabel à se mettre sous la dent jusqu'alors et voilà qu'une équipe française, qu'un coureur français, redonnaient des couleurs au cyclisme en ce jour bleu-blanc-rouge. Le public découvrait Brochard, et Virenque ses ambitions cartes sur table. Elles n'étaient pas usurpées.

En début de soirée, passées les sollicitations d'usage et le déroulé protocolaire, j'avais ramené Richard au Royal Hôtel de Luchon où nous avions séjourné durant notre stage de préparation. Dans la voiture, il était encore galvanisé par ce coup de force.

« J'avais les jambes pour gagner, Bruno. Je sens qu'ils sont à ma pogne. Riis, il m'inquiète pas et Pantani, pas de problème : sur la longueur, je vais le cramer et sur les chronos, pareil. »

Restait le cas Ullrich. Mais, fidèle à sa nature, Richard ne voyait que le bon côté des choses.

« N'oublie pas que je l'ai fait péter sur la fin... »

C'est vrai, il n'y avait eu que du bon et, la victoire aidant, on s'était fait des amis. Le patron comme le cuistot, avec lesquels on avait sympathisé trois semaines plus tôt, étaient trop heureux de nous recevoir en champions. Une foule compacte s'était amassée à l'entrée et, ce même soir, sur la place des Quinquonces, Richard et Laurent participaient au « 20 heures de France 2 ». Des fenêtres du restaurant, à travers les rideaux, on pouvait les apercevoir sous les projecteurs du plateau improvisé et si je tournais la tête, je les voyais toujours, cette fois dans la luminosité d'un écran télévisé. Je ne rêvais pas. Festina était partout. Un jour de gloire, ça se fête, et tant pis si leur dîner était repoussé d'une bonne demi-heure. La « Virenquemania » n'était pas encore née mais le bébé était bien engagé.

Les deux héros du jour nous ont finalement rejoints à table vers 21 heures. Les derniers cette fois. Leurs petits camarades avaient pris de l'avance et ne les avaient pas attendus, si ce n'est pour partager une coupe de champagne, tradition oblige. L'équipe avait réglé la note et il était d'usage d'offrir la même bouteille aux autres formations résidant sous le même toit, en l'occurrence la seule équipe Saeco ce soir-là.

Toutefois, en dépit de la bonne ambiance, la liesse était contenue. Chacun savait que cela ne faisait que commencer ; que le plus dur était à venir. Il ne fallait pas s'éterniser, mais se remettre les idées en place et garder la tête froide. Les premiers enseignements de la journée montraient un Ullrich solide, un Riis vulnérable. La passation de pouvoir entre les deux compères de l'équipe Telekom se dessinait déjà. En revoyant les images à la télévision le soir, Ullrich semblait facile, à l'inverse de Pantani. La cible prenait forme. Avec Virenque, 5e à 1'30", Dufaux 8e, à 2'48", et Brochard, 10e à 4'4", nous avions des cartes en main pour contrer ce Ullrich pourtant inquiétant. Et ce, dès le lendemain, après une bonne nuit de récupération.

En fait, il existe deux formes d'extinction des feux : la première s'entend au calme régnant dans les chambres, la seconde quand les lumières s'éteignent, entre 23 h 30 et minuit. En dépit des efforts répétés, un Virenque ou un Hervé pouvaient se contenter de sept heures de sommeil.

Les premiers chocs de barres métalliques se firent entendre vers les 4 h 30. D'abord des bruits sourds de masse et des voix, puis des tubulures qui s'entrechoquaient. Sous nos fenêtres, le décor du village-départ du Tour montait son chapiteau. Et ça, on ne l'avait pas prévu. Contrepartie d'un transfert évité.

Au lever, certains coureurs s'en étaient plaints. La journée promettait d'être interminable. La 10e étape proposait 252,5 kilomètres et cinq cols à franchir dont le Portet d'Aspet, le Port d'Envalira et la montée vers Andorre-Arcalis. Un gros morceau. Au briefing, il avait été convenu de ne pas déployer comme la veille une entreprise de grande envergure. De longues portions de plaine empêchaient toute initiative sensée. Autre plan à respecter : l'hommage rendu par le peloton au passage de la stèle de Fabio Casartelli dans les premiers lacets du Portet d'Aspet. Le peloton avait fait halte une dizaine de minutes devant la stèle de marbre froid, les Italiens aux premiers rangs. Héros, ils n'en étaient pas moins mortels.

On devait se focaliser sur les trois cols andorrans qui ponctuaient cette journée harassante. Dans l'Envalira, le sommet du Tour avec ses 2 407 mètres, Laukka avait d'abord assuré le train là où Brochard payait sa débauche d'efforts de la veille. Sur une pente roulante mais interminable, le Sarthois fit très tôt l'élastique entre le groupe de tête et les premiers retardataires. Cependant, il s'entêtait à rester à distance aux commandes d'un petit groupe de poursuivants. J'étais descendu à sa hauteur :

« Relève-toi, Laurent. Ça ne sert à rien sinon à t'épuiser un peu plus. Si tu t'accroches là, c'est pour craquer un peu plus loin. Je préfère que tu restes en dedans aujourd'hui, que tu gardes tes forces pour ce qui va venir. »

Le départ réel du Tour venait d'être donné le jour précédent et la suite ne serait plus qu'une source de défis permanents. Laurent avait compris le message. D'autant que devant, Laukka, Stephens et Rous avaient haussé le rythme d'un cran, provoquant un nouvel écrémage. Une vingtaine d'hommes basculèrent ensemble en Andorre, dont cinq des nôtres. Les favoris se surveillèrent alors jusqu'au pied de l'ultime ascension, ce qui ne pouvait que favoriser nos desseins. Forts de notre reconnaissance, nous avions en effet décidé que Richard attaquerait à un point clé, à la sortie du village d'El Serrat, là où la route étroite change de direction, obliquant sur la gauche au niveau d'une petite chapelle, en amorçant un sacré raidillon. Mais voilà qu'Ullrich devançait notre plan. À neuf kilomètres du sommet, l'Allemand produisit un démarrage brutal qui laissa ses adversaires sur place. Richard sauta dans sa roue, l'accompagna même un moment sur quelques centaines de mètres, avant de se relever pour ne pas exploser. Pantani revint alors à sa hauteur. Une brève discussion s'engagea :

« Si tu roules et qu'on le reprend, je te laisse gagner », lui souffla Virenque en français.

L'Italien fit un signe de tête. En pareil moment, tous les coureurs se comprennent mais leurs jambes ne sont pas des dictionnaires. Devant, Ullrich faisait toujours cavalier seul, ramenant ce brave Dojwa, parti avant l'heure, à un vulgaire piéton égaré sur le sentier d'un impossible succès. Richard et Pantani ne se quittèrent pas d'une semelle jusqu'à l'arrivée encore enneigée où Ullrich fut déclaré vainqueur après 7 h 46'6" de course ! Troisième dans le même temps que le Romagnol, Richard concédait 1'8" supplémentaire à Ullrich pour se retrouver désormais à 2'38" au classement général. Une claque. Petite, mais claque quand même. Que le baume du maillot à pois retrouvé apaisait à peine.

À table, l'ambiance était un peu lourde. À froid, mon constat rejoignait en plusieurs points celui de Richard. Première chose, il avait perdu du temps sur un terrain où il aurait dû en gagner. Ensuite, notre schéma tactique n'avait pas fonctionné. Laurent Dufaux aurait dû lancer une première salve mais il avait plafonné quand Ullrich avait porté son estocade dans la traversée du village d'El Serrat. Enfin, notre moral en avait pris un coup : l'équipe avait évolué sur ses terres, son siège était à Andorra la Vella, Andorre-la-Vieille, à même pas dix bornes d'Arcalis, et nous avions subi la puissance de feu d'un adversaire. Cette montée vers la station de ski constituait en quelque sorte notre col de Larau ; on en connaissait tous les recoins pour y avoir effectué bon nombre de stages.

Ullrich nous avait donné une leçon chez nous. L'équipe Telekom avait visiblement mis une croix définitive sur Bjarne Riis. Son dauphin de 1996 revendiquait désormais le trône.

Nos petits malheurs ne s'arrêtaient pas là. Nous étions en train de nous restaurer quand les communiqués officiels de la journée, trois exemplaires sous enveloppe acheminés par motards, nous parvinrent. Les feuilles officielles des classements en tout genre et observations annexes faisaient comme d'habitude le tour de table quand Richard accourut vers moi, le teint blême :

« T'as vu ? Ils m'ont mis vingt secondes de pénalité ! »

Interloqué, je lus le communiqué relatif aux amendes du jour, puis le classement général. La pénalité de vingt secondes y était bel et bien. On me reprochait de lui avoir passé un bidon dans les dix derniers kilomètres de l'ascension vers Arcalis, un procédé interdit par les règlements. Or, posté sur sa droite dans son effort alors qu'il restait 6,5 kilomètres à parcourir, je n'avais fait que l'asperger par la portière !

Passé l'effondrement, Richard monta sur ses grands chevaux :

« C'est dégueulasse. Puisque c'est comme ça, je ne prends pas le départ demain. »

Aussitôt, j'empoignai le téléphone. J'arrivai à joindre Jean-François Pescheux, le directeur sportif du Tour. Et lui expliquai la situation, l'injustice. Il n'y avait eu ni intention de tricherie, ni faute, ni geste de nature à gagner du temps.

« Je comprends, Bruno. Appelle Jean-Marie [Leblanc]. »

Le patron du Tour eut la même attitude.

« Bien, on va plaider ta cause ce soir auprès du jury des commissaires. Mais tu devras venir te présenter en avance au village-départ demain. »

On se coucha là-dessus. Avec un bon espoir d'annuler cette sanction. Mais toujours avec ces vingt secondes sous l'oreiller au moment de s'endormir.

Le lendemain, mercredi 16 juillet, j'avais pris de l'avance sur le gros de l'équipe. Le rendez-vous avait été fixé très tôt avec Louis Wermelinger, le président du Collège des commissaires, pour débattre du différend. M. Wermelinger revenait exceptionnellement sur une décision entérinée. Mais au vu des faits exposés et de notre bonne foi relayée par les images télé, il retira de bonne grâce la pénalité. Quoi qu'il advienne, la journée commençait sur un gros soulagement.

Côté course, la sortie des Pyrénées ne permettait

aucun projet audacieux. Les difficultés se concentraient en début d'étape pour laisser ensuite trop de champ dans la longue descente menant vers Perpignan. Au briefing matinal, le mot d'ordre insistait une fois encore sur la vigilance ; pas d'offensive, sauf si les circonstances de course se présentaient favorablement.

Dans l'enceinte du village-départ, les rites en usage traduisaient bien l'humeur du moment. Lorsque l'étape ne s'annonçait pas effroyable, la pression retombait. Dans l'heure qui précédait le départ, les coureurs des vingt-deux équipes arrivaient par grappes et allaient s'installer sous l'une des tentes blanches pour deviser avec des collègues, boire un café ou lire les journaux. Le soir, leur média préféré restait la télévision. Quand les horaires le permettaient, ils ne manquaient pas le résumé de l'étape. Pour voir ce qui leur avait échappé ; mieux, pour se voir quand ils s'étaient échappés.

Tout était fait pour leur assurer le meilleur confort possible. Ainsi, un bus luxueux était mis à leur disposition depuis plusieurs saisons et toutes les grosses équipes en possédaient un. À l'intérieur, petit salon aménagé, douche, réfrigérateur, deux téléviseurs avec antenne parabolique sur le toit, bureau avec téléphone et fax. Quand le transfert hôtel-départ nécessitait une petite demi-heure de trajet, le bus constituait d'ailleurs l'endroit idoine pour procéder au briefing. Tout y avait été conçu pour mettre les coureurs en condition avant la course et s'y relaxer après. Dans l'habitacle, à l'abri des regards et des caméras, il n'était pas rare que certains se lâchent, par dépit, par fureur ou même pour extérioriser enfin une joie refoulée. Les coureurs pouvaient décompresser, vider leur sac. J'évitais cependant qu'ils reviennent sur leur étape. On en aurait tout le loisir, une fois arrivés à l'hôtel.

L'équipe fonctionnait à plein régime, selon un rythme rodé et éprouvé. Tous, et pas seulement les coureurs, mettaient la main à la pâte. Les soigneurs, Willy Voet et Jean Dalibot, assuraient les ravitaillements avant de réceptionner les coureurs aux arrivées ; Paco Albelda, lui, pilotait le bus, déposant les coureurs dans les aires de départ avant de les récupérer en fin de journée. Quant à Enrique Ferreres et Laurent Gros — le fils de Michel, qui avait remplacé au pied levé Christine depuis La Châtre —, ils passaient d'un hôtel à un autre à bord d'un des quatre véhicules techniques. Sur place, ils déposaient les valises dans les chambres respectives, veillaient à ce que le menu soit bien commandé et que la collation soit servie quand les coureurs arriveraient. Ils préparaient la salle de massage. Willy et Jean les rejoignaient pour effectuer les soins.

Nos trois mécaniciens, eux, se relayaient jour après jour à l'arrière des deux voitures suiveuses, la mienne et celle de mon adjoint Michel Gros, tandis que le troisième emmenait le camion atelier à l'hôtel. Ils fermaient la boutique, souvent tard en soirée, après avoir nettoyé les vélos et passé en revue la mécanique. Eux non plus ne chômaient pas ; ils devaient être endurants car ce qui s'accomplit dans un bon esprit sur cinq jours peut vite se révéler une corvée si la passion ne suit pas.

Entre un immense banquet planté au milieu de l'enceinte où les suiveurs se servaient volontiers et les animations folkloriques, le temps nous accordait un bref répit. Bavard de nature, j'étais souvent l'un des derniers à quitter la place. Une fois au volant, je remontais alors la file des voitures de mes semblables, n'oubliant pas de saluer les directeurs sportifs que je n'avais pas croisés, avant de me positionner derrière la voiture Telekom de Walter Godefroot, en vertu de la hiérarchie stipulée par le classement général.

Le plus souvent, en début d'étape, alors que la guerre n'était pas encore déclarée, je conversais volontiers avec Vincent Lavenu ou son adjoint de chez Casino, Laurent Biondi, ou bien encore Bernard Quilfen, Alain Delœuil (Cofidis), l'Espagnol Manolo Saiz (Once), les Italiens Serge Parsani (Mapei) et Giancarlo Ferretti (MG), le Belge Walter Godefroot ou encore l'Espagnol Alvaro Pino (Kelme). Des rencontres improvisées de bureau, en quelque sorte. Les deux premières heures de course nous permettaient en principe de prendre des nouvelles des uns et des autres, de jeter un œil sur le journal, d'engager une discussion avec l'invité qui avait pris place sur le siège passager, de grignoter l'immuable sandwich du jour, ou de regarder la télévision, tout en conduisant. Oui, la télé. Je n'avais pas attendu que la société du Tour procède à l'installation d'un minitéléviseur portable dans le véhicule. Ma voiture était bourrée d'électronique : télévision, téléphone, mais aussi quatre radios — l'une pour recevoir Radio-Tour, la voix officielle ; une autre pour être en relation avec mes coureurs ; une encore pour être en liaison avec tous les véhicules estampillés Festina ; la dernière (un scanner) pour... écouter ce qui se disait sur les autres fréquences utilisées par les adversaires ! C'était de bonne guerre. Pratiquement tous les directeurs sportifs en usaient. Dès que les canaux étaient localisés sur la bande, on mémorisait les fréquences des équipes qui nous intéressaient. De l'espionnage mutuel, en somme...

D'entrée, dans l'ascension du Port d'Envalira monté cette fois en sens inverse de la veille, quelques coureurs avaient tenté de se faire la belle. Ceux-là recherchaient une victoire dans une étape dite de transition, misant sur le fait que les efforts prodigués les deux derniers jours conduiraient à une trêve tacite. Jamais à court d'énergie, Richard avait contré une offensive du Suisse Jaermann dans l'Envalira, mais Ullrich avait aussitôt répliqué. Le Tour bouclait sa première moitié. La mi-temps du match était sifflée sur une victoire de Laurent Desbiens, au bénéfice du déclassement d'Outschakov qui avait tassé le Nordiste dans le sprint. Nous avions droit à une journée de repos. Journée, un bien grand mot.

Personnellement, étant au four et au moulin, je passais à peine trois heures en compagnie de mon épouse et de Valentin, mon jeune garçon. Comme décompression, on repassera. Cette pause du Tour se révéla d'autant plus frustrante que je n'avais pu fêter comme un père les onze ans de mon fils, le lendemain. Son cadeau avait été d'approcher les coureurs. Je n'avais pu lui offrir davantage. Le départ n'en avait été que plus déchirant.

Le match continuait. On allait entamer la remontée vers Paris, *via* les étapes alpestres, et, plus près de nous, le contre-la-montre de Saint-Étienne.

Le soir précédant ce grand rendez-vous, j'avais longuement parlé avec Bortolami. L'Italien, de nature introvertie, traversait une petite phase de dépression. Il n'en avait rien dit mais je devais anticiper avant que ses états d'âme n'enflent dangereusement. Grand chasseur de classiques doté d'un esprit de gagneur, il avait accepté d'être l'ombre de Richard sur les routes de plaine mais ce travail ingrat d'équipier commençait à lui peser. J'avais dû m'employer à valoriser sa participation.

Les autres entretiens nocturnes, prévisibles ceux-là, s'adressaient à Richard et, dans une moindre mesure, à Laurent Dufaux. Eux seuls étaient véritablement concernés par l'enjeu général. On dressait un premier bilan. Richard était toujours aussi motivé, plutôt confiant même. Il savait que les aiguilles du prochain chrono ne tournaient pas en sa faveur mais il s'en remettait à sa condition physique optimale. Psychologiquement, il était prêt à perdre du temps. La question était de savoir combien.

À première vue, on avait évalué son débours sur Ullrich à deux minutes et demie sur les cinquante-cinq kilomètres du contre-la-montre tracé dans le massif forestier du Pilat. Le parcours était vallonné, exigeant, et le passage de La Croix-de-Chaubouret, une longue côte plutôt qu'un col, ne le désavantageait pas, même si l'effort requis s'adressait plus à un rouleur qu'à un grimpeur comme lui. Avec Richard, inutile de trouver les mots pour stimuler sa motivation : il les dénichait lui-même. Il fallait seulement le tranquilliser, minimiser son angoisse et tromper son appréhension.

L'heure de son départ approchait. Entre-temps, Bortolami, Moreau et les autres, partis plus tôt, nous avaient renseignés sur les conditions de route : le sens du vent, les aspérités nouvelles découvertes sur la chaussée, les mouvements de foule...

Un seul doute subsistait encore : le choix du matériel. La multiplicité des options se révélait un véritable casse-tête. En substance, compte tenu de la difficulté à gravir à mi-course, il fallait trancher entre un vélo traditionnel surmonté d'un guidon de triathlète et un cadre plongeant spécifique pour parcours plat, posé sur une roue lenticulaire à l'arrière. Richard opta pour le second. Ses connaissances en mécanique et son expérience le trahissaient rarement. Et surtout, il fallait qu'il roule en toute confiance.

Richard s'était élancé trois minutes devant Ullrich. Son rythme de départ était en deçà de la cadence prévue quand il aborda l'ascension du jour. Une foule monstrueuse garnissait les bas-côtés et un incident vint perturber sa progression. La moto qui ouvrait le passage avait laissé trop de distance entre elle et Richard, si bien que les spectateurs tenus brièvement à l'écart refluaient vers le centre de la chaussée. Il me le dira plus tard mais un bref instant, la panique l'assaillit. La foule, ses cris lui firent peur, gênant la plénitude de ses efforts. Derrière, je craignais la chute à tout instant. J'avais beau klaxonner à tout va, la foule n'avait d'yeux que pour Richard qui fut manifestement perturbé par ces vagues humaines dans cette magnifique ascension. Peu après le sommet, l'Allemand avait déjà Virenque dans le viseur.

Le compte à rebours était lancé. Il fallait préparer Richard. Ayant fait installer un haut-parleur sur le toit de la voiture, je lui communiquais à la seconde près l'écart qui le séparait d'Ullrich. J'ai toujours répugné à hurler sur un coureur pour, prétendument, l'encourager. Richard le savait mais je devais moi aussi être à la hauteur, à la sienne, sortir de mes gonds, dépasser ma nature. Mes interventions sonores étaient exceptionnelles, leur impact n'en était que plus marquant. Et selon la nature de chacun des coureurs, le message à passer était différent. Un garçon comme Pascal Lino, par exemple, réclamait les écarts, des critères objectifs et rien d'autre. Richard, lui, demandait tout le contraire : qu'on lui braille dans les oreilles des phrases du style « tu vas aller le chercher », « tu n'as pas fait ça pour rien », « faut pas qu'il revienne sur toi », « c'est aujourd'hui que ça se gagne », « mets-toi minable »... Je me forçais mais Richard se violentait plus encore. Je ne pouvais lui refuser ce qui nourrissait son dépassement de lui-même. Un jour, très tôt dans sa carrière, j'avais eu la curiosité de lui demander ce qui le poussait au-delà de lui-même.

« Les cris, m'avait-il répondu. Les cris de la foule qui scande mon nom. Je ne sais pas, ça me met dans un état second. Dans ces moments-là, je ne sens plus le feu dans les jambes. J'ai l'impression d'être porté. »

L'inévitable se produisit pourtant. À onze kilomètres de l'arrivée, Ullrich fit la jonction. Ce qui peut être alors vécu comme une défaite, voire une déchéance, donna lieu à une tout autre réaction de la part de Richard. Le match prenait pour lui une nouvelle tournure. Richard n'avait plus à se battre contre des secondes, contre un fantôme dont il redoutait la présence dans son dos, mais contre un individu comme lui, simplement habillé de jaune. Et il n'était jamais aussi fort que lors de ces bras de fer, ces coude-à-coude, d'homme à homme. L'effort porté à son paroxysme le transporta jusqu'à l'arrivée dans le sillage d'Ullrich, pour ne céder que quatre secondes supplémentaires à la fin du parcours.

Virenque le grimpeur avait réalisé un exploit. Deuxième temps du chrono, devant des rouleurs tels que Riis ou Olano, jamais il n'avait réussi pareille performance. Une force mentale peu commune l'habitait, qui lui avait permis de faire remonter du plus profond de lui-même un supplément insoupçonné de rage. Richard ne méritait que félicitations. Pourtant, le soir après dîner, le sentiment était mitigé. D'un côté, en concédant 3'4" sur Ullrich, le voilà qui était relégué à 5'42" au classement général, ce qui compliquait singulièrement la tâche. De l'autre, il ne s'était pas loupé, se sentait fort au milieu d'une puissante équipe et les étapes des Alpes constituaient autant d'occasions pour refaire son handicap. Il n'avait retenu que la seconde analyse. Il était comme ça, Richard.

Le briefing du lendemain, qui nous conduisait à l'assaut de la barrière des Alpes, tenait en peu de mots : amener sagement Richard dans le goulet du Bourg d'Oisans, au pied de L'Alpe d'Huez, unique montée franche du premier jour. Étape mythique avec ses vingt et un virages, ses vingt et un espaliers chargés de spectateurs de toutes nationalités, cette tour de Babel sonnait le tocsin. Richard devait être placé parmi les cinq premiers pour voir venir.

C'est ce qui se passa. Cinq coureurs — Ullrich, Riis, Virenque, Casagrande et Pantani — s'étaient légèrement détachés du paquet dès les premières rampes. Mais au moment d'aborder le deuxième tournant en épingle à cheveux, Pantani s'extirpa brutalement. Personne ne put répondre au démarrage de l'Italien qui allait causer d'énormes dégâts le temps de son ascension victorieuse : une quarantaine de coureurs seulement parvinrent au sommet en comptant moins de six minutes de retard sur le Romagnol.

Un seul tenta, brièvement, crânement, de jouer sur le même tableau, Virenque. Question de tempérament. Là, plus question de consignes ou de stratégie digne d'un jeu d'échecs. Sur une pente aussi intraitable, les coureurs sont démunis de tout point de vue rationnel, ne marchant qu'au courage, à la régulière, sans d'autre recours que de survivre dans l'adversité. Mais cette fois, son réalisme avait pris le pas sur son orgueil. Pantani avait placé la barre si haut que Richard dut capituler bien vite, asphyxié. Ullrich, quant à lui, préféra rester à distance, sans brûler ses poumons à cet air rare et fuyant. Si bien qu'au moment de la dérivation qui emmenait la file des directeurs sportifs vers le parking, Radio-Tour communiquait les écarts : Richard perdait quarante nouvelles secondes sur Ullrich. J'accusai le coup. Richard aussi, probablement.

Je le retrouvai peu après dans la caravane du contrôle médical. Seul à seul.

« Qu'est-ce que tu en penses, Richard ? Je te voyais un poil mieux que ça.

— Oui, moi aussi. Le contrecoup du chrono peut-être. Quarante secondes, c'est ça ? »

Oui, quarante de mieux, soit 6'22" au total, pas besoin de calculette. Son visage était fermé, le regard bas, le geste las. Je le quittai sur cette déception muette. Quatre cents mètres séparaient la ligne d'arrivée de notre hôtel, situé un peu plus haut dans la station. Le temps de me frayer un chemin dans la foule qui avait envahi les rues et j'allai droit à sa chambre avec les quelques mots de réconfort que j'avais pu glaner en route.

Je le retrouvai finalement sur la table de massage, entre les mains de Willy. Mais ce Virenque courbatu, ce Virenque qui m'adressa la parole, était métamorphosé.

« Demain, je fais tout péter. »

En l'espace de quelques minutes, Richard s'était ressaisi. Mieux, même, il s'était autopersuadé que le cours des événements allait s'inverser.

Bizarrement, je ne lui ai jamais demandé ce qui l'avait soudainement galvanisé. Ma déception manifeste, et celle des autres, forcément ? Son orgueil, sa pugnacité ? Sa quête de vengeance ? Ses facultés à positiver coûte que coûte ? Le bonhomme ne s'avouait pas vaincu et mon rôle était de faire passer le message. Son message, lors du debriefing individuel :

« Richard a encore du jus, il le dit, il le sent. Ce n'est pas fini. On n'a pas le droit d'en douter ni de le laisser tomber. Richard y croit, il vous le dira tout à l'heure au dîner. »

Même fourbus, les équipiers réagissaient plutôt bien. Richard était leur leader et ils allaient pouvoir le vérifier par eux-mêmes. Le dîner venait d'être servi quand Richard apparut. Il s'installa à table et ne tarda pas à prendre la parole :

« Les mecs, demain, on fait la bagarre. »

Pour la première fois de sa carrière, Richard employait ouvertement en ma présence un discours de leader. De patron. Ils attendaient tous ça.

Les consignes du lendemain matin furent avalées plus vite encore que les céréales du petit déjeuner.

J'avais avec moi neuf hommes remontés comme des coucous, presque neuf hommes en colère. Ils voulaient la guerre, ils iraient la faire jusqu'à la dernière goutte de sueur. Leur regard défiait deux sacrés cols, celui du Glandon puis de La Madeleine, avant de monter sur Courchevel. J'avais avec moi l'armée d'Hannibal ce dimanche-là pour une étape ramassée sur 148 kilomètres.

Il nous fallait attaquer pratiquement dès le lever du drapeau. Mais une autre équipe avait décidé de monter au front avant nous, celle des petits hommes verts de Kelme. Dans le même registre que le nôtre mais avec des moyens inférieurs, Kelme aimait jouer d'entrée les trouble-fête. Si bien qu'elle provoqua une première sélection qui projeta une vingtaine d'hommes en tête. Une vingtaine mais pas Ullrich. L'Allemand s'était laissé surprendre. Ce n'est que dans un replat qu'il parvint à recoller au groupe de tête avec une petite dizaine de poursuivants.

L'alerte avait été donnée. Assis dans la voiture, calé derrière la trentaine de coureurs qui ouvraient la route, j'avais les mains crispées sur le volant. Huit Festina faisaient corps, Laukka ayant été le seul à décrocher.

« On fait rouler, les gars ! »

Peu avant le sommet du Glandon, le rythme de l'équipe est tel qu'ils ne sont plus qu'une vingtaine à tenir le choc. Bortolami a lâché prise mais c'est déjà formidable pour lui d'être là. Puis c'est au tour d'Ullrich de donner des signes de fatigue. L'Allemand ferme la marche, décroche, recolle. Voyant cela, Hervé et Brochard font le forcing, les soucis d'Ullrich leur donnant des ailes. Le Maillot jaune doit céder sur le sommet, une vingtaine de secondes, pas plus, mais pour la première fois, une brèche s'est ouverte dans sa cuirasse. Dans la descente, quatre hommes se dégagent : Hervé, Brochard, Virenque et l'Italien Casagrande. Trois Festina ! Je me pince les lèvres. Trois Festina qui sont partis au feu, qui viennent de disparaître de notre champ de vision, qui s'évanouissent dans les lacis forestiers. Et si...

À l'arrière, Ullrich a l'intelligence de ne pas céder à la panique. Au lieu de s'épuiser dans une course en solitaire, il préfère attendre le groupe qui suit, comprenant entre autres ses équipiers Bjarne Riis et Udo Bölts. Godefroot l'avait prévenu par radio mais on avait cette fois l'avantage du terrain.

La course-poursuite était engagée. Dans la vallée, à la faveur d'un regroupement, Dufaux vint épauler Brochard et Hervé avant d'attaquer les premiers pourcentages de La Madeleine. L'heure était aux sacrifices de part et d'autre. Brochard et Hervé épuisés, Dufaux accomplissait seul le travail en tête pour Virenque, tandis qu'à l'arrière, Riis en faisait tout autant pour Ullrich. Le duel Festina-Telekom faisait rage sur les rampes de La Madeleine avant que l'avant-dernier étage de notre fusée, Dufaux, n'explose en plein vol. Virenque entama seul la descente mais Ullrich revenait peu à peu sur lui.

Je tentai à mon tour un rapproché pour lui parler. Richard était en effet l'un de ceux qui ne supportaient pas un micro récepteur dans l'oreille, encore moins un émetteur. Les consignes passaient par Pascal Hervé ou

Laurent Dufaux, les derniers survivants en pareil moment, voire par Neil Stephens ou Didier Rous. Je devais lui parler, lui expliquer qu'il était inutile de poursuivre, que la chasse s'organisait derrière lui, qu'il était préférable de lever le pied. Rien à faire. Les commissaires m'interdisaient de passer le groupe des poursuivants puisque l'écart n'atteignait plus la minute, condition minimale requise pour effectuer la manœuvre.

Toujours en liaison radio avec Hervé et Dufaux, ceux-ci m'appelaient :

« C'en est où, que fait Richard ? »

Déjà, leurs souffles se perdaient dans les replis montagneux pour finir bientôt dans des grésillements. Si la portée de ma radio était d'une dizaine de kilomètres, la leur ne dépassait pas trois bornes. De toute manière, je n'aurais su quoi leur répondre.

Devant, Richard insistait tête baissée, bravant la fatalité. Je désespérais quand, enfin, on m'autorisa à monter à sa hauteur : Richard réclamait un bidon. La chose ne fut pas facile. Étroite, bordée de murets, la descente de La Madeleine est l'une des plus techniques et des plus périlleuses qui soient. Je parvins, non sans peine, à boucher le trou :

« Arrête tout, Richard. Ça ne rime plus à rien. Ils reviennent dans ton dos. Alimente-toi et récupère. Tu joueras ta dernière carte dans la montée sur Courchevel. »

Quelques kilomètres plus bas, Ullrich, Riis, Casagrande, Escartin et Dufaux lui tombaient sur le paletot. Tout était à refaire dans l'ultime ascension. Sur l'un des démarrages d'Escartin, Riis et Dufaux perdaient pied puis ce fut au tour de l'Espagnol de céder sur une accélération de Richard. Ullrich et Virenque, Virenque et Ullrich, les deux premiers du classement général se retrouvaient à égalité alors que les trois quarts de la montée restaient à gravir. L'un et l'autre commencèrent alors à s'éprouver mutuellement, démarrage sur démarrage, bluff après bluff. La passe d'armes était magnifique. Dans une franche opposition de style, ils parvenaient simultanément à se neutraliser : Richard revenait à l'énergie, Ullrich de manière plus coulée. En raison de ce qu'il avait dit à ses équipiers la veille au soir, Virenque se sentait obligé de gagner tandis que l'Allemand devait préserver son Maillot jaune.

Dans leur sillage, Walter Godefroot et moi faisions du touche-touche. On n'en manquait pas une miette. Walter est un homme que je respecte, avec lequel je prenais plaisir à discuter. Mais là, le duel qui se passait juste au-dessus de nous devenait notre duel. Un affrontement loyal. Parfois, en se dépassant, nos regards se croisaient. Se toisaient. Offrant leur mano a mano sur un ring grandeur nature, Virenque et Ullrich se métamorphosaient en boxeurs. Et nous étions leurs hommes de coin.

Notre manège avait commencé dès la descente du Glandon. Et le public vibrait. Au pied de La Madeleine d'ailleurs, au moment où je demandais l'autorisation d'un dépassement pour me coller à la hauteur de Virenque et de Dufaux, Jean-Marie Leblanc, le directeur général du Tour, était lui aussi devenu un simple spectateur abasourdi. Debout dans la voiture de direction, il m'avait lancé à son tour un regard. Et un commentaire :

« C'est l'une des plus grandes journées de l'histoire du Tour de France. »

L'émotion était à son comble. Finalement, les deux puncheurs ne purent se départager à l'issue des douze rounds, la victoire revenant au challenger Richard au sprint. Pour Ullrich, la mission était remplie. Pour Virenque, bras droit levé et regard fier, l'honneur était sauf. La « Virenquemania » allait pouvoir déferler sur la France.

Car ce fut un triomphe pour nos couleurs. Une apothéose rare qui récompensait un travail d'équipe inouï. C'est ce qui m'avait le plus ému, plus encore que la victoire de Richard qui avait su parachever le chef-d'œuvre. Déjà, le soutien du public dans les trois cols était total. Le nom de Virenque bariolait l'asphalte, fleurissait sur des banderoles rouges et blanches, se répercutait d'un bout à l'autre de l'étape, comme un écho qui ne voulait pas mourir. Tout là-haut, la cohue était indescriptible. Richard venait de passer du rang de coqueluche à celui de star montante. Il avait signé sa première victoire dans une étape alpestre, le maillot symbolique à pois rouges sur les épaules. Passé les obligations protocolaires, il n'avait eu d'autre choix que de redescendre à vélo son chemin de gloire pour regagner l'hôtel au plus vite. Quant à moi, j'avais bien évidemment loupé le convoi prioritaire escorté par la gendarmerie et j'étais bloqué dans un embouteillage monstre.

À l'hôtel, je retrouvai les chevaliers de la Table ronde, fiers d'avoir livré bataille, de l'avoir remportée. Fiers de s'être montrés dignes d'eux-mêmes. Dehors, un attroupement scandait toujours le nom de Richard. Le spectateur était devenu supporter, son épouse, groupie. On avait même dû demander aux responsables de l'établissement de placer un barrage filtrant à l'entrée, ce qui n'avait pas empêché certains inconditionnels de se retrouver dans les étages. La « Virenquemania » débordait de toutes parts, ingérable, s'insinuant maintenant dans la tranquillité du collectif. C'était beau, c'était fort, mais en même temps inquiétant.

Dans la salle à manger, entre deux coups de fourchette, les gars se remontaient mutuellement le moral, se passaient les plats et s'encourageaient.

« Ce n'est pas fini ! », répétait Pascal Hervé, le plus fidèle des grognards. Non, ce n'était pas fini. Richard en était convaincu.

« Je récupère bien, j'ai une bonne équipe. Moi, je ne vais pas mollir, je vais aller à la bagarre tous les jours tandis que lui [Ullrich], il est jeune, il peut coincer. »

Pourtant, le schmilblick n'avait pas avancé d'une case : nous n'avions pas repris la plus petite seconde à Ullrich. Mais je n'osai parler en ces termes à Richard. Le moment était de toute manière incongru.

Le lendemain matin, au départ de Morzine, nous étions arrivés groupés dans l'enceinte du parking, à proximité du départ. Le public allait et venait entre les voitures, mais soudain, une marée humaine convergea à la seule vue du bus Festina. La foule, si calme jusque-là, avait fait place à une déferlante ; les conversations et les chuchotements devenaient cris stridents. « Richard, Richard ! » La meute était si dense qu'il nous fut impossible d'ouvrir la porte latérale du bus. C'est à l'énergie qu'on dut frayer un chemin aux coureurs.

Virenque n'était plus seulement un vainqueur d'étape, un beau gosse comme la veille, un cycliste professionnel : il était Michael Jackson, l'inaccessible à portée de doigts, l'Élu. Ce n'était plus le Tour de France mais la tournée mondiale d'une vedette, le Festival de Cannes à Courchevel, puis à Colmar, à Montbéliard et partout ailleurs où il allait se produire.

Mais les récitals de Richard ne pouvaient pas tous atteindre des sommets. Quant à moi, je me retrouvai en plan dès le début de l'étape. Miguel Rodriguez était à mon bord. Le patron de Festina s'octroyait une journée de suiveur, toujours dans les Alpes. Nous discutions quand Radio-Tour m'appela à l'arrière du peloton : Neil Stephens voulait me parler de vive voix, sans recourir à la radio pour que la conversation ne soit pas interceptée dans le balayage des ondes. J'étais tourné vers lui, l'écoutant, quand soudain, le peloton se scinda en deux à l'approche d'un terre-plein. Neil l'évita de justesse, pas moi. Bilan : crevaison d'une roue avant et une demi-heure à chasser derrière le camion-balai sur des routes alors rendues au public...

De Courchevel à Morzine, les héros étaient légitimement fatigués, ce dont profita Marco Pantani pour s'en aller cueillir son deuxième succès en quarante-huit heures. Le Romagnol s'était dégagé sur le haut du col de Joux-Plane non sans que Richard tente de le suivre. Mais il s'était rassis assez vite, Ullrich revenant même à sa hauteur avant de basculer vers l'arrivée. Dans la descente, Richard prit des risques pour pousser l'Allemand à la faute mais en vain. La messe était dite. Deux heures plus tard, dans le hall de l'hôtel, Richard en convenait :

« Je crois que cette fois, c'est cuit. »

Pour la première fois, Richard acceptait le verdict. À six jours de l'arrivée à Paris et avec toutes les étapes de montagne dans son dos, il se rangeait à la raison. Le roi sans couronne abdiquait, non sans dignité. L'idée de perdre ne le torturait plus. D'ailleurs, incorrigible optimiste qu'il était, il s'attachait aux seuls bénéfices de son Tour de France : sa notoriété était décuplée, tout comme celle de son sponsor ; son salaire allait être revu à la hausse ; et il n'était pas deuxième, mais dauphin. Nuance.

L'heure était maintenant aux récompenses. Celles des équipiers, libres de toute contrainte collective. Le briefing matinal avait changé de ton. Carte blanche était laissée aux baroudeurs, à ceux qui avaient encore quelques munitions dans leur musette.

Après Brochard à Loudenvielle et Virenque à Courchevel, Neil Stephens apporta le troisième succès d'étape à l'équipe, le lendemain à Colmar. Le généreux Australien s'était glissé dans une échappée de solides gaillards — Ekimov, Podenzana, Julich, Outschakov, Farazijn, Camenzind, Dekker, Roux, Mengin, excusez du peu — avant de les déposer à trois kilomètres de la banderole, sa seule chance de salut. Équipier dans l'âme, Neil venait d'honorer le statut des travailleurs de l'ombre, des bouffeurs de vent, des fantassins de quatre-saisons, et c'est sûrement pour cela que pratiquement toute la caravane était venue le féliciter. Moi le premier. Comble d'émotion, Neil en profita pour me glisser quelques mots en français :

« Merci, Bruno. Merci de m'avoir donné la possibilité de gagner la plus belle course de ma vie. »

Dans la foulée, Didier Rous apportait sa pierre à l'édifice en s'adjugeant l'étape suivante entre Colmar et Montbéliard. Là encore, l'esprit d'équipe tout autant que le cœur d'un brave étaient récompensés. Le Tour tirait à sa fin, la France était en fête et on faisait durer le plaisir.

Le soir même, Miguel Rodriguez me téléphona.

« Passe mes félicitations à l'équipe, me dit-il. Tu sais, le jeune Allemand a gagné le classement général, mais en termes d'image, on a gagné le Tour. »

Il ne restait plus qu'à rendre visite à Mickey dans le parc d'Eurodisney et préparer les beaux costumes pour le bouquet final sur les Champs-Élysées.

Au soir du contre-la-montre de soixante-trois kilomètres autour du parc d'attractions, peu après le dîner et les innombrables appels de son téléphone portable, Richard vint me voir. Il avait un dernier détail à régler. Presque un contentieux.

« Demain, l'Allemand, il ne vient pas me chercher. »

Richard avait encore et toujours un défi à relever, même symbolique. Le chrono de Saint-Étienne lui était resté en travers de la gorge. Il ne voulait donc pas être rattrapé une nouvelle fois par Ullrich car ce revers avait eu pour lui des allures d'humiliation.

Ullrich était certes éprouvé, ayant manifesté quelques signes de fléchissement au cours des derniers jours, mais le parcours rectiligne l'avantageait grandement.

« Je veux lui montrer de quoi je suis fait, avait poursuivi Richard. Et comme ça, il saura qu'il me retrouvera l'année prochaine. »

Tous les prétextes étaient bons pour garder la tête haute. En m'avouant ses obsessions, il se mettait en condition pour y parvenir. Il se retrouvait volontairement au pied du mur, ne pouvant plus reculer. C'était une autre manière de se motiver. Le lendemain, l'Allemand finira deuxième de l'épreuve à quarante-cinq secondes de l'Espagnol Abraham Olano, qui sauvait ainsi son Tour, sans parvenir à rattraper Richard. Pour treize secondes. Une victoire.

L'autre succès, populaire celui-là, prenait des proportions effarantes. Avant même que Richard ne s'élance sur les routes du Val-de-Marne, le bus Festina avait été pris d'assaut. À la hâte, nous avions dû tirer un cordon sanitaire encerclant la zone d'échauffement. Mieux, même : devant la horde des sollicitations pour une photo ou un regard volé, il avait été nécessaire de tourner les *home-trainers* face au bus afin que les coureurs restent concentrés. De la pure folie. La même liesse, plus fastueuse encore, ponctua notre Tour de France sur les Champs-Élysées. Paris était en rouge et blanc. Comme la France entière. Bien sûr, Richard terminait à 9'9" d'Ullrich au classement final, mais comment pouvait-on décemment éprouver un sentiment de frustration après un Tour pareil ? En plus du maillot de meilleur grimpeur et du coureur déclaré le plus combatif du Tour, Richard avait gagné tous les suffrages. L'équipe remportait quatre étapes et l'entreprise Festina jouissait d'une notoriété fulgurante. Autre satisfaction : on avait rallié Paris à neuf, c'est-à-dire au complet, et pour un résultat d'ensemble remarquable : Virenque 2e, Dufaux 9e, Moreau 19e, Brochard 31e, Laukka 35e, Hervé 36e, Rous 45e, Bortolami 46e,

Stephens 54e. Les neuf dans les cinquante-quatre premiers !

La fête se prolongea à l'hôtel Concorde-Lafayette en compagnie des épouses avant d'honorer l'invitation à une soirée-spectacle dans le cabaret du Lido. L'équipe reçut un accueil triomphal, tout particulièrement Richard, et fut invitée à monter sur scène avant d'être conviée à visiter les coulisses, ce qui ne fut pas du goût de toutes les épouses présentes. Vers minuit, la troupe bifurqua vers une boîte de nuit très parisienne ; cha-cha-cha et tequilas frappées jusqu'à l'aube avant de finir avec fruits de mer et choucroute garnie dans une brasserie des Champs-Élysées à 6 heures du matin...

La « Virenquemania » allait se déchaîner à Lisieux, à Camors, à Castillon-la-Bataille, à la télévision et dans les conversations de zinc, en ville comme en province, dans le cœur des belles-mères et des groupies... Trente mille personnes à Lisieux pour commencer la série des critériums : les gens avaient vu un exploit, ils venaient admirer un demi-dieu en chair et en os, idolâtrer une image. Image, anagramme de magie.

2

1997, un Tour de passe-passe...

L'été 1997 venait de sonner. La cloche ne tarderait plus à libérer la France des bureaux, des commerces et des écoles. Pour nous, l'heure était aux derniers devoirs de vacances avant de nous mettre à l'ouvrage.

Et on avait parfaitement préparé notre affaire...

La face cachée de notre Tour fut aussi sombre que la « Virenquemania » fut éclatante.

On s'était tous retrouvés comme convenu le 22 juin au soir, à l'hôtel Ibis de Pau-Lescar... Les cinq coureurs présents sur les neuf qui allaient participer au Tour 1997 avaient tout intérêt à être là : ils suivaient leur protocole de préparation médicale, comme lors du stage précédent dans les Alpes. Il était par conséquent préférable qu'ils soient éloignés des compétitions en cours — la Route du Sud et le Tour de Suisse — sur lesquelles ils n'auraient pas manqué d'être déclarés positifs en cas de contrôle antidopage.

Éric Rijckaert, notre médecin, n'avait aucun besoin d'être sur place : les coureurs connaissaient par cœur la posologie de leur préparation et Willy était là pour leur fournir ce dont ils avaient besoin.

Dans l'hypothèse d'une descente inopinée de contrôleurs médicaux, on avait pris soin de ne pas divulguer notre situation géographique. Pour les médias, nous nous trouvions quelque part dans les Pyrénées, là-haut, à prendre l'air frais. Pour les instances, qui avaient mis en place ce type de contrôles surprises depuis plus d'un an, la parade était simple : si quelqu'un appelait de leur part chez un coureur pour nous localiser, deux options étaient possibles, soit faire le mort et attendre que le répondeur téléphonique s'enclenche pour savoir à qui on avait affaire, soit faire décrocher le combiné téléphonique par une épouse ingénue...

Un procédé suivi par beaucoup, et pas seulement par les cyclistes, d'ailleurs. De manière générale, dès qu'une initiative de surveillance ou une réforme était appliquée, la première idée qui venait à l'esprit était toujours la même : comment la contourner ?

En revanche, à l'hôtel, il ne fallait pas se montrer trop expansif sous prétexte que les limiers de l'UCI ou du ministère de la Jeunesse et des Sports cherchaient une aiguille dans une botte de foin. Tous les soins, c'est ainsi qu'on les appelait, étaient effectués dans les chambres, soit par Willy, soit par les coureurs eux-mêmes. À vrai dire, en tournant dans les chambrées, je pouvais tomber sur une ampoule ou une gélule traînant sur une table de chevet. Licite ou pas, je n'en avais aucune espèce d'idée et, d'ailleurs, je ne cherchais pas à le savoir.

Quand on est entré depuis quatre ans dans une

logique de préparation, on ne distingue plus le mauvais du bon, l'interdit de l'autorisé. À longueur d'année, saison après saison, les coureurs ingurgitaient des pilules de toutes les couleurs et s'injectaient des piqûres matin et soir. C'était leur souhait, leur vœu, leur nourriture. Je n'y avais aucune prise. Au départ, la vision est effarante puis, avec l'accoutumance, la conscience est inhibée. Comme un provincial qui débarque dans le RER parisien : le geste devient ordinaire, l'œil s'acclimate, l'odeur n'est plus insupportable. Il est difficile alors de s'étonner, de s'insurger. J'avais seulement conscience que les gars « faisaient le métier », tournure de phrase bien arrangeante.

Depuis un an déjà, une préparation médicale soutenue et méthodique avait cours mais cela ne me concernait pas. Les coureurs étaient pilotés par notre médecin. Certains d'entre eux s'étaient déjà plaints de tremblements aux extrémités ou bien ils dévoraient leur repas à n'en plus finir. C'était surprenant, je le confesse, à tel point qu'Antoine Vayer, notre entraîneur, avait téléphoné à notre nutritionniste Denis Riché pour lui en faire part. Ce dernier ne comprenait pas. C'est donc notre médecin qui apaisait nos inquiétudes. Avec des mots de spécialiste. À l'époque, j'agissais comme la plupart de mes ex-collègues. Ou plutôt, je n'agissais pas. À la vérité, je ne pourrais guère en dire plus sur ces protocoles.

D'ailleurs, Willy Voet a déjà notamment tout raconté en détail[1]. Je n'avais ni intérêt personnel ni compétence sur le planning des cures d'hormones de

1. Willy Voet, *Massacre à la chaîne*, Calmann-Lévy, 1999.

croissance et d'EPO, pas plus que sur les injections de corticoïdes ou de testostérone. Mes connaissances se limitaient à ce que voulaient bien m'en dire le Dr Rijckaert ou Willy et je ne cherchais pas à les approfondir. Parfois même, ils m'en tenaient manifestement à l'écart. Quand le sujet était abordé, ils parlaient en flamand. J'ai découvert bien plus tard, quand les fameux carnets de Willy ont été divulgués, ce qui s'était trafiqué dans les piaules pendant le stage : le premier jour, les cinq coureurs avaient reçu leur dose d'EPO et d'hormones de croissance ; le lendemain idem, Brochard et Virenque faisant toutefois l'impasse sur l'EPO ; enfin, hormones de croissance pour tout le monde au matin du dernier jour.

Le cyclisme, je ne l'avais jamais approché sous cet angle et plus je m'en tenais éloigné, moins je mettais ma conscience à l'épreuve. Je m'y entendais mieux sur le terrain. Et de ce point de vue, le stage avait été bénéfique.

Programmés le 29 juin, les championnats de France représentaient le dernier marchepied avant le Tour. Tous les coureurs Festina avaient pu y participer. Là encore, j'appris plus tard que Moreau, Virenque et Brochard avaient été servis en hormones de croissance le matin même, mais le produit était — et est toujours — indétectable. En revanche, un garçon comme Neil Stephens n'avait guère à s'en soucier car le rendez-vous de Montlhéry ne le concernait pas. Australien bon teint, genre Crocodile Dundee sans peur ni reproche, il pouvait continuer dans son coin sa préparation médicale en vue du Tour afin d'être efficace dès les premiers tours de roue de juillet. En fait, le but du jeu n'était pas de savoir si on était ou non dopé mais d'éviter d'être positif.

Participer aux championnats de France, c'était une chose, les gagner c'en était une autre. Miguel Rodriguez, notre patron, ne voyait pas d'un bon œil l'idée qu'un des nôtres puisse masquer son maillot Festina sous des couleurs tricolores, si prestigieuses fussent-elles.

« Je n'en ai rien à faire, d'un maillot national », ne cessait-il de me répéter.

Miguel Rodriguez poussait même plus loin son raisonnement d'investisseur. Ainsi, quand j'évoquais le championnat du monde et son symbolique maillot arc-en-ciel, il n'en était pas plus emballé.

« Je paie des coureurs à longueur d'année pour porter le sigle de mon entreprise, pas pour faire dans la peinture. »

J'avais beau argumenter, mettre l'accent sur les retombées médiatiques, son approche d'entrepreneur se focalisait sur la vente de ses montres. Qui plus est, la composition internationale de l'équipe — une demi-douzaine de nationalités — augmentait d'autant l'éventualité d'avoir des champions nationaux. Et l'image comme la stratégie de notre sponsor passaient avant la fibre cocardière ou le rêve individuel. De toute façon, le tracé du championnat de France, aplati sur l'autodrome de Montlhéry, ne servait pas vraiment les aptitudes de l'équipe.

Si tous les membres français de l'équipe étaient présents, c'est aussi parce que les protocoles médicaux l'avaient permis. Ce qui n'avait pas été le cas l'année précédente. À l'époque, plusieurs d'entre eux — Virenque, Brochard, Magnien — suivaient une cure de Clenbuterol, un puissant anabolisant non hormonal dont les traces demeurent près d'une semaine dans les urines.

Cette puissante substance, interdite à la vente en France, était la dernière trouvaille en vogue. Appelée à développer la masse musculaire, elle est très connue des éleveurs de bétail, de veaux notamment : plus de viande, plus d'argent, une évidence proverbiale de comice agricole détournée à d'autres fins chez nous. Dès lors, on savait pertinemment qu'on allait au-devant de problèmes si les coureurs avaient été alignés au départ. L'alibi d'un virus collectif, repris à maintes occasions dans le milieu, avait satisfait la curiosité de la presse.

Nous avions pourtant fait parler de nous pendant ces championnats de France. Plus précisément avant le départ, et pour deux raisons. Tout d'abord, fidèle à son sens de la diplomatie, Richard s'était lâché dans la presse. Il dénonçait la rectitude chloroformique du tracé choisi par la fédération tout autant qu'une initiative inédite : l'entrée payante sur l'autodrome. Deux bons prétextes pour déclarer forfait. Mais deux prétextes fondés. Daniel Baal comme Roger Legeay, inévitablement, avaient grommelé dans leur coin. La fédération et le président des groupes sportifs français n'avaient pas besoin de ce coup de gueule : Laurent Jalabert et Luc Leblanc, les deux seuls autres leaders du cyclisme national, avaient déjà annoncé leur défection. Un troisième, « le » troisième, et c'était le camouflet assuré. Daniel Baal m'avait alors téléphoné pour que j'infléchisse le choix de Virenque. Il passa le même coup de fil à l'intéressé, qui ne changea pas d'avis.

En surface, on pouvait donner raison à Richard. À moins d'un heureux concours de circonstances, il n'avait rien à en espérer ; et la gratuité d'une discipline qui a toujours été honorée de passer devant le perron du public lui tenait vraiment à cœur. Qui dit accessibilité dit popularité, la sienne comprise. En coulisses, les raisons étaient différentes : cette dernière échéance avant le Tour escamotait son protocole de préparation. Et s'il avait finalement consenti à se déplacer, c'est parce qu'il s'était rangé à mon avis : il lui fallait participer à une tâche collective, aider un équipier avant que l'ascenseur ne lui soit renvoyé sur le Tour. Au centuple. Vu sous cet angle intéressé, Richard s'était remis dans le circuit...

Sa participation n'avait toutefois pas apaisé les esprits chagrins. Du côté de la fédération, on nous battait froid dans l'aire de départ pour avoir publiquement critiqué le choix du tracé et l'accès payant à l'autodrome. Quant à Roger Legeay, il me reprocha carrément notre prise de position.

« C'est inadmissible. Vos déclarations dans la presse sont de trop. Fallait plutôt en parler en interne. »

Le déroulé de l'épreuve n'arrangea pas nos relations. Rien que dans les deux premières heures de course, l'équipe déplorait près d'une douzaine de crevaisons. J'étais vraiment fumasse et après que j'eus dépanné un coureur, ma voiture se retrouva à la hauteur de celle de Legeay.

« Dis, ça ne te dérange pas si tu lis demain que c'est un circuit de merde, même pas nettoyé ? »

Là-dessus, nous avons roulé sur deux tours entiers portière contre portière, soit près d'une demi-heure, le temps de lui déballer tout le bien que je pensais de lui.

Notre deuxième apparition médiatique fut bien involontaire : la veille de l'épreuve, une indiscrétion parue dans la presse faisait état de la possible venue d'Alex Zülle au sein de notre groupe. Le Suisse, 2e du Tour 1995 et vainqueur de la Vuelta l'année suivante, était à l'époque le seul leader à ne pas avoir renouvelé son contrat, en l'occurrence avec l'équipe espagnole de la Once. Et sa disponibilité correspondait aux attentes de notre sponsor.

L'information n'avait bien évidemment pas échappé à Richard Virenque. Qui, furibard, me téléphona. Je devais calmer le jeu.

« Écoute, Richard, il y a eu effectivement des discussions dans ce sens, mais ce n'est pas d'actualité pour le moment. Cela étant, on souhaite la venue d'un coleader, c'est vrai, mais il faut le comprendre : l'équipe est suffisamment étoffée et compétitive désormais pour disputer les trois grands Tours. Rodriguez a des vues sur le marché italien et il estime qu'une participation remarquée sur le Giro stimulerait son développement. »

Au bout du fil, Richard bougonnait. Je poursuivis.

« Écoute, ça ne changera rien pour toi. Dans cette hypothèse, Zülle dispute le Giro tandis que toi, tu restes concentré sur le Tour. Et je te répète que Rodriguez est engagé dans cette réflexion mais que rien n'est définitif. »

Ce qui était en partie vrai, mais en partie seulement. Avec Miguel Rodriguez, on avait en fait décidé de lui annoncer la transaction à la fin du Tour. Et on avait raison, j'y reviendrai. À huit jours du départ d'un Tour pour lequel ses chances de victoire étaient réelles, je ne pouvais me permettre de le déstabiliser. J'avais donc tout fait pour minimiser la chose, noyer le poisson et tranquilliser Richard. J'avais pris la décision de ne pas lui en parler afin de le protéger de ses propres réactions psychologiques. Écorché vif comme il est, Richard aurait très bien pu ne pas saisir les motivations du sponsor qui lui gardait d'ailleurs toute sa confiance.

La France du cyclisme avait désormais les yeux tournés vers Rouen, la patrie de Jacques Anquetil. Logés comme des coqs en pâte à l'hôtel de La Bertelière à Saint-Martin-du-Vivier, nous avions achevé nos préparatifs en tout genre. Deux jours avant le grand départ du Tour du 5 juillet, il ne manquait plus qu'un élément : Éric Rijckaert. Le Tour ne pouvait pas commencer sans lui.

J'avais connu Éric fin 1992, lors de mon arrivée chez Festina en tant que directeur sportif adjoint. On s'était retrouvé dans un hôtel en Andorre où tout le personnel était venu signer son contrat. J'arrivais de chez RMO, lui de PDM. Bien qu'appartenant au staff médical, il avait été étranger à l'abandon suspect d'une grande partie du groupe hollandais sur le Tour 1991.

Je rencontrai un homme agréable, posé, très cultivé, maîtrisant parfaitement le français. Au cours des premiers mois, nous avions parfois eu l'occasion d'échanger nos points de vue. Parfois seulement puisqu'il suivait tout particulièrement la branche batave de l'équipe, transfuge de PDM. À l'époque, début mai, la période des classiques de printemps venait de s'achever et les résultats de l'équipe Festina avaient été désastreux. Et pourtant, Dieu sait si les coureurs ne se gênaient pas pour avaler une dizaine de médicaments entre le réveil et le départ, ce qui avait le don de m'irriter profondément.

L'équipe Festina était alors un vrai foutoir, totalement désorganisée, minée par des querelles de clans. J'en avais parlé à Willy Voet, qui venait comme moi de chez RMO.

« Mais c'est quoi, ces trucs ? Les coureurs ne mettent pas un pied devant l'autre et pourtant, ils se bourrent de médocs.

— Tu n'as qu'à aller voir Rijckaert. Il t'expliquera. »

Je cherchais effectivement des explications. Très calmement, le médecin flamand me les fournit. L'équipe manquait cruellement d'une âme, d'un patron. Jan Gisbers, le directeur sportif en chef, avait d'autres préoccupations que de répartir des rôles ou d'établir une stratégie collective sur le long terme. En plus, la mayonnaise n'avait pas pris entre les filières espagnole, française et hollandaise qui composaient un ensemble aussi pléthorique qu'anarchique. Ça, j'avais pu le constater par moi-même.

« D'accord, mais les médicaments dans tout ça ? Et pourquoi les coureurs passent-ils plus de temps avec toi qu'avec moi ? »

Il m'a alors regardé droit dans les yeux, ce que j'ai considéré comme une forme d'honnêteté. Il devait m'affranchir.

« Voilà ce qu'est devenu le cyclisme professionnel, Bruno. C'est la médicalisation à grande échelle. Il n'y a pas un jour qui passe sans que les coureurs y aient recours. Comprimés le matin, injections le soir, perfusions pour accélérer le phénomène de récupération et reconstituer le volume plasmatique. »

Éric évoquait la médicalisation. Il me parlait comme si j'étais un patient. En me ménageant.

« Mais on n'est plus très loin du dopage, là... »

Éric adopta la même transparence.

« C'est simple, Bruno. Soit tu fermes les yeux, tu ne veux rien savoir et les garçons font ça dans ton dos. Soit tu refuses et tu vas au-devant de problèmes avec eux, ce qui ne les empêchera d'ailleurs pas de continuer de manière inconsidérée tout en se marrant dans ton dos.

— Alors, tu as choisi la deuxième...

— J'en ai choisi une troisième, Bruno. Le faire sous contrôle médical. Poser des garde-fous, limiter l'excès. »

À l'époque, j'étais encore jeune dans le métier. Et naïf. En tant que coureur amateur, jamais je n'avais abordé le cyclisme par ce côté obscur. Et même si j'avais pu observer une médicalisation certaine lors de mon passage chez RMO, il m'était impossible de faire la différence entre une médicalisation licite et une médicalisation illicite. Willy, encore lui, m'apprit plus tard que des piqûres de corticoïdes se faisaient ici ou là du temps de RMO mais c'était à des années-lumière de ce qui se tramait ici. J'entrais dans une autre sphère, celle du monde médical méthodique, systématique, structuré.

J'étais venu voir Éric pour obtenir quelques éclaircissements, je repartis en plein désarroi. Subtilement, Éric m'avait mis face à ma conscience, un marché entre les mains. Il m'avait dressé crûment le tableau noir ; à moi de voir maintenant si je voulais toujours tenir la craie. Sur le moment, je jugeai sa démarche cohérente, argumentée, crédible. Personnellement, à l'égard des coureurs, j'avais toujours eu à cœur de poser à plat les problèmes encourus, de tenter d'y répondre, qu'ils soient d'ordre matériel, financier, familial ou psychologique. C'est le propre des éducateurs, un milieu d'où je sortais. Je ne voyais donc pas pourquoi je devais capituler devant cette question. Mon parcours et ma personnalité m'empêchaient de faire la sourde oreille. Plus concrètement, soit je disais non et je faisais mes valises, soit... Je réfléchis trois jours. L'alternative mise en place par Éric Rijckaert me semblait constructive. Au pire la moins mauvaise. Je dis oui.

Pour autant, je n'ai jamais été intéressé par le sujet. Au contraire des coureurs qui alimentaient les rumeurs les plus folles sur les dernières trouvailles médicales. Souvent, ils venaient en parler à Éric ou à Willy : tel nom de produit circulait, telle équipe en consommait, tel type en fournissait... Toujours à l'affût de la nouvelle molécule, toujours à l'écoute du moindre bruit. Éric avait établi les protocoles en fonction des objectifs de chacun, sachant que les néoprofessionnels étaient exclus de ce cercle.

À l'époque où le taux d'hématocrite ne faisait pas encore l'objet d'une détection par les laboratoires antidopage et d'un seuil de tolérance (fixé à 50 % dès mars 1997), notre médecin ne plaça jamais la barre au-dessus de 54 %. C'est Willy, toujours Willy, qui m'en avait averti. En vertu de ses compétences, Éric préconisait une certaine prudence, ce qui lui sera reproché un peu plus tard. Aux yeux des coureurs et compte tenu de ce qui se pratiquait ailleurs, Rijckaert était devenu frileux. Willy me racontera plus tard qu'ils avaient décidé de ne plus avoir affaire à lui au début du Tour 1998. D'ailleurs, certains d'entre eux consultaient en parallèle Michele Ferrari ou bien encore un médecin suisse à la sulfureuse réputation.

C'était ce même Éric Rijckaert que Willy était allé chercher chez lui, à Zomergem, près de Gand, deux jours avant le départ du Tour 1997 à Rouen.

Le Tour pouvait commencer. Et, comme d'habitude, il débuta dans une tension extrême. Dès la première étape, la nervosité ambiante provoqua la chute de plusieurs protagonistes à onze kilomètres de la ligne d'arrivée à Forges-les-Eaux. Entre des équipes à cran qui veulent placer leurs finisseurs en tête et celles qui veulent protéger leurs leaders, le terrain est propice aux accidents, surtout lorsque les routes sont étroites et sinueuses. Plus on veut éviter la chute et plus on la provoque. Trois jours plus tard, sur la route qui menait à Plumelec, un gadin dans des circonstances analogues mettait des coureurs sur le flanc. Le Suisse Tony Rominger s'en souviendra, finissant l'étape et son Tour sur une départementale puis à l'hôpital, clavicule cassée. On parlait alors de fatalité, d'inévitable. J'estimais pour ma part qu'on jouait avec la sécurité des acteurs. Mais le spectacle prévalait.

En 1996 déjà, année du départ des Pays-Bas où la pluie et un parcours tortueux avaient causé d'entrée bien des dégâts, j'en avais fait la remarque à Jean-Marie Leblanc. Le directeur du Tour nous avait rendu visite dans notre hôtel à s'Hertogenbosch au terme de la première étape. Sa présence n'était pas anodine : sur un plateau télévisé, Richard Virenque avait vilipendé les organisateurs pour avoir avalisé un tel gymkhana. Et je lui donnai raison.

« Je ne comprends pas, Jean-Marie. Dans une configuration de première semaine où le peloton est au complet, où deux cents types armés et encore fringants se battent pour passer devant, pourquoi ne faites-vous pas l'effort d'éviter les petites routes ? »

Richard appuya mes propos avec ses mots à lui.

« Je ne suis pas d'accord avec toi, lui rétorqua Jean-Marie Leblanc. Le cyclisme a toujours été comme ça. Le peloton a appris à rouler et ces chutes font malheureusement partie de la course. »

Pourtant, à force d'arguments, il se rangea à notre avis. La prise de risques est inhérente à la pratique du cyclisme. Mais le danger est suffisamment omniprésent pour qu'on prévienne celui qui peut l'être. Emprunter des routes nationales durant la première semaine de course ne nuit pas à l'image du Tour. Pourtant, un an plus tard, sur une route de campagne bretonne, Rominger se tordait de douleur sur sa civière. Le peloton avait bouclé l'étape à plus de 45 km/heure de moyenne.

J'avais alors retrouvé Jean-Marie Leblanc dans l'aire d'arrivée.

« Tu vois, ça nous ramène une année en arrière...

— Bon, écoute, ce n'est pas le moment. »

Ce n'est jamais le moment : ni en plein show, ni après.

Le peloton dévalait la France de haut en bas et nous ménagions nos montures. Dans le bus qu'on avait racheté à feu l'équipe PDM — et qui avait dû en voir de belles —, les aménagements n'avaient pas seulement pour but d'améliorer le confort des coureurs. Derrière les vitres fumées, la préservation de l'intimité était vitale et l'entrée était tacitement « interdite à toute personne étrangère au service ». Parmi les appareils électroménagers qui avaient été installés, il y en avait un bien singulier, à l'arrière de l'habitacle. On l'appelait l'analyseur.

Encombrant comme un téléviseur et scellé dans une armoire dont Éric Rijckaert et Willy Voet possédaient chacun un jeu de clés, il avait pour fonction de lire scientifiquement les prélèvements sanguins. C'est le médecin espagnol de l'équipe, Fernando Jimenez, qui se l'était procuré pendant l'hiver, sachant que l'UCI allait instaurer un contrôle du taux d'hématocrite dès le mois de mars suivant. Cet appareillage hautement sophistiqué, fabriqué par les laboratoires Roche et qui nous avait coûté pas loin de trente mille francs, ne vérifiait pas seulement le taux d'hématocrite mais une trentaine d'autres paramètres sanguins, contrairement aux centrifugeuses que les coureurs avaient acquis. Les contrôleurs pouvaient toujours courir.

Les étapes pyrénéennes nous avaient à moitié souri. Au succès de Laurent Brochard à Loudenvielle succédait celui de Jan Ullrich dans la montée d'Arcalis. Le démarrage de l'Allemand avait été si brutal que Richard n'avait pu y répondre. Il avait eu beau négocier avec Marco Pantani, lui laissant le gain de l'étape au cas où ils reviendraient sur Ullrich, la partie s'annonçait difficile.

Les médias souhaitaient bien sûr en savoir plus long. En dehors des impératifs — présence sur les plateaux de télévision —, il nous était facile d'éviter leurs questions. Les journalistes devaient quitter le village-départ une demi-heure avant le lâcher des coureurs. Le tintement d'une cloche et un message diffusé dans les haut-parleurs nous prévenaient de leur départ. Dès lors, bien calfeutrés dans le bus, il ne nous restait plus qu'à nous rendre au contrôle des signatures puis au stand Festina du village, une obligation morale d'un quart d'heure.

Pourtant, Richard adorait ces bains de foule. Et de journalistes. Il était pratiquement toujours le premier à se mettre dans la nasse, contrepartie de ce que la presse lui donnait. Afin de favoriser au mieux ses phases de récupération, je freinais les sollicitations, demandant à Joël Chabiron de les canaliser. Mais il n'en faisait qu'à sa tête. Les interviews, il les donnait souvent sur la table de massage, le soir, à un moment où la relaxation est primordiale. Là où Ullrich et d'autres prétendants apparaissaient à des points-presse au compte-gouttes, Richard se démultipliait. Sur ce point, il était ingérable.

Le Tour entrait dans sa seconde phase et, après un transfert sans histoire de Perpignan, nous avions pris nos quartiers à Saint-Étienne dans la perspective redoutable du contre-la-montre. À ce moment, Richard, je le rappelle, concédait 2'38" sur Ullrich qui arrivait sur son terrain de prédilection.

Pour mettre toutes les chances de notre côté, nous logions dans un hôtel situé à l'extérieur de Saint-Étienne, loin de la touffeur de la ville et des sollicitations. Pour tout dire, nous avions choisi l'endroit où nous devions séjourner trois nuits. Au mois de mars précédent, comme tous les ans, la Société du Tour avait réuni les équipes dans un hôtel proche de l'aéroport de Roissy-Charles-de-Gaulle. Tout y avait été passé au peigne fin : les directives de course évoquées par le directeur sportif Jean-François Pescheux, les hébergements annoncés par la directrice administrative Agnès Pierret, les problèmes d'intendance en tout genre.

On avait pu alors profiter de la circonstance pour faire passer nos préférences, qui étaient pratiquement toutes exaucées. Il avait seulement fallu se tenir à un quota de qualité hôtelière évaluée à 2,8 étoiles en moyenne pour tous, réparties sur toute la durée de l'épreuve. Toutes les équipes avaient été logées à la même enseigne.

Mais à Saint-Étienne, dont les capacités hôtelières ne sont pas extensibles, on s'est finalement retrouvés dans un traquenard. L'établissement était un deux-étoiles minable, à la propreté douteuse et au service déficient. Nos problèmes ne faisaient que commencer. L'équipe TVM, qui partageait l'endroit, avait organisé une moules-frites-party, une tradition paraît-il, pendant la journée de repos précédant le chrono. Non seulement la fête ramena une faune braillante de pique-assiettes qui perturbait la tranquillité des coureurs, mais une odeur de graillon s'insinua dans les chambres. Épouvantable !

Qui plus est, un problème de réservations survint à notre arrivée. Comme je l'ai dit, nous avions autorisé les épouses à rejoindre leur mari pour cette journée, ce qui avait nécessité de retenir moitié plus de chambres réquisitionnées par la Société du Tour, réglées par les conjointes des mois à l'avance. Mais les réservations avaient été oubliées dans une pile de fax, ce qui nous obligea à parlementer des heures avec la direction dépassée de l'hôtel pour trouver un arrangement. Et des « placards » sans climatisation.

Il avait aussi fallu se battre avec certaines épouses pour faire respecter notre règlement intérieur. Le marché conclu avec les coureurs avait pourtant été clair et accepté par tous. Leur conjointe avait droit de visite lors des stages et de la journée de repos du Tour, mais pas plus. Évolution des mœurs oblige, ce qui était encore formellement interdit une dizaine d'années plus tôt dans ce monde machiste devenait nécessaire. À condition que la règle du jeu soit respectée. Mais combien de fois ai-je croisé des épouses qui, passé la journée de repos, traînaient dans les couloirs d'hôtel dans l'espoir de se faufiler dans les chambres, à l'insu du personnel d'encadrement ? Elles ne comprenaient pas que leur époux redevienne coureur professionnel, qu'il ait besoin de tranquillité, de concentration. De temps pour préparer les protocoles... Pour la plupart, elles étaient au courant du principe des perfusions et des prises médicamenteuses. Mais, d'après ce que je sais, peu d'entre elles connaissaient la nature des produits. Car peu de coureurs avaient pris le parti d'être francs, même avec leur conjointe.

Enfin, pour couronner le tout, les organisateurs de critériums commençaient eux aussi à pointer leur nez dans nos hôtels. Après dix jours de Tour, ils s'étaient déjà fait une idée sur les coureurs, leur valeur marchande que seule leur performance sur le Tour conditionnait. Ils venaient alors passer commande et la négociation débutait selon un barème subjectif.

Au risque de passer pour un rabat-joie, je n'ai jamais été un fervent partisan de la participation de mes coureurs au grand cirque des « cri-cri ». Je comprends qu'ils en tirent un profit facile et non négligeable — de trois mille francs pour un sans-grade à près de cent mille francs pour un leader — et que ces tourniquets sont prétexte à une fête populaire, mais les inconvénients sont nombreux. D'abord, on sait comment les coureurs s'y préparent — amphétamines, pot belge et autres réjouissances puisque les contrôles antidopage ne suivent quasiment pas ce cirque — et l'intérêt sportif est inexistant. Ensuite, la course en bagnoles que les coureurs doivent effectuer pour se rendre d'un bout à l'autre de la France en l'espace d'une nuit retarde leur récupération. Enfin, il y a un programme officiel de courses à honorer au mois d'août, tout autant qu'une obligation de représentation à l'égard du sponsor. Car le cyclisme a une vie après le Tour.

J'avais désigné dans un premier temps Joël Chabiron — relayé en 1997 et en 1998 par Antoine Vayer — pour négocier avec les organisateurs. Lui aussi était réticent à l'idée de voir les coureurs tournicoter autour d'une église. D'ailleurs, on ne trouvera pas beaucoup d'entraîneurs favorables à ce barnum. Si bien qu'entre un public parfois envahissant, quelques épouses peu arrangeantes, des organisateurs ou des agents insistants, un cadre qui incitait à la déprime et des tracas de gestion quotidiens, il fallait trouver des niches de temps et d'espace adéquates pour assurer le repos de nos guerriers avant de s'élancer sur cinquante-cinq kilomètres d'efforts violents.

Richard était prêt à bien des choses pour mettre toutes les chances de son côté. Prêt, par exemple, à demander au pilote de l'hélicoptère de France Télévision qu'il suive de plus près sa progression sur la route, ce qui lui aurait permis d'être poussé par l'air brassé par les pales. Je ne sais qui lui avait mis pareille idée en tête...

La veille de l'épreuve chronométrée à Saint-Étienne, Richard s'approcha de moi. Gianluca Bortolami lui avait parlé de Marcellino Torrontegui. L'Espagnol, masseur chez Cofidis, était attaché au service d'un Rominger... rentré chez lui après sa chute. Le coureur suisse avait pour préparateur le célèbre « dottore » italien Michele Ferrari. Comme Bortolami.

« Bortolami m'a dit que Rominger avait un truc super, spécial pour les contre-la-montre, commença Richard. Faut absolument qu'on contacte Torrontegui. »

J'avais déjà fait indirectement connaissance avec le dénommé Torrontegui. Alex Zülle, avec lequel nous étions alors en contact, m'avait déjà fait savoir qu'en cas d'accord il aurait aimé l'avoir à ses côtés. Cette perspective ne me réjouissait guère, pas plus que les bienfaits soudains d'une poudre de perlimpinpin, mais vu l'insistance et l'impatience de Richard, je n'avais pas le cœur à m'interposer. J'allai voir Willy Voet.

« Willy, Richard réclame un soi-disant produit miracle que possède Torrontegui. »

Willy baissa les yeux. À l'évidence, il connaissait lui aussi Torrontegui. Et ne l'appréciait guère. Dans le microcosme du cyclisme professionnel, on a tôt fait de savoir qui fait quoi et avec qui, et Torrontegui n'entrait visiblement pas dans les papiers de son collègue belge. Qui plus est, Willy se sentait trahi : Richard avait besoin de quelque chose d'autre, de quelqu'un d'autre. C'est donc à reculons qu'il obéit aux ordres.

« Si c'est ce qu'il demande... »

Willy en toucha pourtant un mot à Éric Rijckaert qui contesta farouchement cette manière d'opérer.

« On a tout ce qu'il faut et, en plus, on ignore ce qu'il y a dans cette ampoule. »

Mais ce que le roi Richard voulait...

Quelques heures plus tard, les deux hommes s'étaient donné rendez-vous à proximité de notre hôtel. Torrontegui s'était présenté avec son grand sourire et une fiole transparente. En échange de rien. En pareil cas, il est préférable de sentir l'autre redevable plutôt que d'empocher de la menue monnaie. Un procédé bien connu dans d'autres milieux. Avec un Rominger finissant, Torrontegui avait plutôt intérêt à placer ses billes auprès d'un autre Suisse, Zülle, et d'une autre équipe.

Je n'ai su que le lendemain soir, bien après l'exploit un peu inutile de Richard — 2e du chrono mais à 5'42" d'Ullrich désormais au classement général — le fin mot de l'histoire. Willy m'avait chuchoté à l'oreille ce qu'il avait fait de la fameuse fiole magique. Elle avait fini écrasée sous son pied, après l'avoir remplacée par une solution glucosée dans les veines du demandeur. Parfaite illustration de l'effet placebo.

C'est un sifflement continu qui me tira du sommeil au petit matin du 20 juillet. La nuit avait été courte, nerveuse, mêlée d'impressions contradictoires. Comme tous les autres membres de l'équipe, je m'étais endormi avec les 6'22" de débours que comptait Richard sur Ullrich au classement général tout en haut de L'Alpe d'Huez et cette phrase rageuse qu'il avait lancée au dîner : « Demain, on fait tout péter. »

Sur le moment, j'en avais été heureux. Le moral de

Richard, c'était quelque chose. Et il était communicatif. Dans mon esprit, l'espoir de renverser la vapeur s'amenuisait pourtant. Il ne tenait qu'à une dernière option : au lieu de tenter de remonter le handicap minute par minute, il fallait jouer un gros coup de poker sur une étape. Une opération commando, en quelque sorte. Doté de phénoménales qualités de récupération, de fraîcheur et de courage, jamais plus transcendé que sur une longue journée de montagne infestée de cols, Richard considérait l'étape de ce jour entre le Bourg-d'Oisans et Courchevel comme l'unique occasion d'organiser un putsch. Et l'enthousiasme suscité par Richard la veille au soir y prédisposait.

Seulement, l'étape avait commencé plus tôt que l'heure officielle du départ... Un remue-ménage avait gagné l'étage. En sortant dans le couloir, j'entendis un bruit diffus. Je connaissais ce ronronnement, ce frottement léger : les gars étaient sur des *home-trainers* dans leur chambre. Personne ne m'en avait averti. En rentrant dans l'une d'elles, je vis deux de mes coureurs en nage, pédalant sur des rouleaux. Pas sorcier à comprendre : ils étaient en train d'évacuer les effets négatifs d'un produit dopant. L'image m'avait saisi d'effroi. Pour la toute première fois, je faisais face aux réalités démoniaques de ce sport.

Tout avait été mis sur pied dans mon dos. Je compris alors que les directives m'échappaient, que la gestion de l'équipe m'avait filé entre les doigts. Et je saisis tout le sens de l'expression « demain, je fais tout péter ». Au risque d'y inclure le cœur. J'eus alors la conviction que les propos de Richard ne traduisaient pas seulement une envie, mais donnaient un ordre. Un ordre émanant d'une caste qui prenait la direction de l'équipe, au mépris de tout scrupule. On les appela par la suite les Barons. Leur griserie était devenue obsessionnelle. Ils ne voulaient plus dompter les montagnes mais les renverser. On y trouvait Richard, bien sûr, et ses colistiers Hervé, vieux routard dont la carrière professionnelle touchait à son terme, Brochard, Dufaux, Rous et Moreau. Les autres suivaient de très près. La Baronie avait décrété son indépendance.

Je sus bien plus tard par Willy ce qui s'était tramé depuis... quarante-huit heures. Avec l'échéance cruciale des deux étapes alpestres, Richard et sa bande avaient demandé à Rijckaert d'augmenter les doses de Kenacort, un corticoïde. D'habitude, les injections matinales de Kenacort s'espaçaient tous les trois jours, mais là, ils voulaient frapper fort. Le médecin belge avait refusé de les suivre sur ce terrain. Les protocoles en cours qu'il avait soigneusement mis au point ne toléraient pas deux piqûres consécutives de dix milligrammes de Kenacort, sous peine de jouer avec leur santé. Réputé pour sa science de la préparation médicale, Rijckaert n'en était pas moins soucieux des dangers sanitaires. Il ne fallait pas dépasser la dose prescrite, ce qui lui valut le surnom de « docteur Punto » en référence à son confrère italien Michele « Ferrari ». Une autre forme de ce cyclisme à deux vitesses que les coureurs réprouvaient : ça n'allait plus assez vite à leur goût.

À force de persuasion, les obstinés eurent pourtant gain de cause avec Willy. Willy ne savait pas dire non : en échange de ce supplément de corticoïdes, ils enfourcheraient leurs *home-trainers* pour que le produit se répande plus vite dans leur corps et qu'ils n'aient pas les muscles raidis au départ. Trois seulement d'entre eux n'avaient pas pris part à ce surplus improvisé. J'avais poussé la mauvaise porte : j'étais mis devant le fait accompli.

Dès l'ascension du premier col, le gros de l'équipe s'était retrouvé devant, en compagnie des grimpeurs espagnols de la formation Kelme. Au sommet, huit des nôtres basculaient dans le groupe de tête fort d'une bonne vingtaine d'hommes. Dans mon esprit, la ferveur de la course reprenait les commandes. Elle évacuait l'horreur du matin. Pris dans la spirale du succès, je ne voulais voir que les exploits et n'entendre que des bravos. Mais ma satisfaction personnelle était prise dans les mâchoires de la conscience individuelle. Mes sourires affables cachaient le début d'une détresse. Comme mes collègues, je m'en remettais totalement au savoir de notre médecin Rijckaert.

Là-haut, sur les hauteurs de Courchevel, Richard Virenque signa l'un des plus beaux succès de son palmarès. Toute l'équipe avait fait corps d'un bout à l'autre de la journée pour qu'il achève cette bataille dans un décor de triomphe romain, avec Jan Ullrich dans sa traîne. Richard avait eu autour de lui la meilleure équipe possible du moment, des hommes au corps fort, à la tête servile. Ils s'étaient donnés aveuglément et en recueillaient des honneurs résiduels. Le processus était lancé et rien ni personne n'aurait pu l'arrêter. Et pourtant, en dépit des apparences, Ullrich avait donné un bon coup de main.

À treize kilomètres de l'arrivée, les deux hommes commençaient un duel homérique, que les images télévisées drapaient d'éloges. Ils s'étaient défiés à plusieurs reprises par démarrages interposés, mais aucun ne cédait. Dans le creux d'un bref répit, Richard s'adressa alors à son adversaire.

« Tu me laisses gagner, OK ? »

Ullrich n'avait pas besoin d'interprète. Seulement d'une calculette. D'un signe furtif, deux doigts et le pouce qui se frottent, il donna sa réponse à Richard.

« Combien ? »

Ce n'est qu'après l'arrivée, une fois à l'hôtel, que Richard me mit dans la confidence. Ullrich avait réclamé de l'argent, ce n'était pas une surprise, mais un doute subsistait.

« En fait, on ne s'est pas bien compris sur le montant, m'avoua-t-il. Je ne sais pas trop ce qu'il veut. »

Là aussi, les barèmes sont arbitraires, dictés par les lois occultes du marché. Compte tenu du prestige de l'épreuve, de celui de l'étape, du vaincu et de l'envie du vainqueur, il fallait s'attendre à une somme rondelette.

Le lendemain matin, sur le parking des voitures des directeurs sportifs, je fus vite fixé. L'un des proches du jeune champion allemand se présenta.

« C'est cent mille. »

Cent mille francs, c'était... honnête. J'allai tout de même consulter Richard pour avoir son avis.

« Pas de problème. Je le paierai. »

Pour la seconde fois, j'avais été informé d'une transaction somme toute banale. La première remontait à l'été précédent. Sur le Tour 1996, Laurent Dufaux m'avait raconté comment il avait négocié sa victoire d'étape à Pampelune avec Bjarne Riis. Échappés dans le final, les deux hommes étaient tombés d'accord pour un intérêt commun : le Danois confortait son Maillot jaune tandis que le Suisse matérialisait tout le travail collectif déployé depuis le début de l'étape pyrénéenne. Pour trente mille francs, Dufaux avait devancé Riis sur la ligne. Les arrangements se pratiquaient sur parole et nous n'avions pas eu la primeur du geste. Les intéressés ne trahissaient jamais leur pacte. Les occasions de se revoir ne manquaient pas.

La dernière étape alpestre emmenait le peloton de Courchevel à Morzine. En ce matin du 21 juillet, j'avais réuni les coureurs pour le briefing habituel.

« Bien, après le boulot formidable que vous avez accompli hier, il vaudrait mieux être sur la réserve au départ. Vous en avez sûrement plein les pattes, la montée de Joux-Plane n'est pas franchement une partie de plaisir et il faudra donc attendre le final de l'étape pour juger sur pièces. Dans la Colombière, Pascal [Hervé] et Laurent [Dufaux], vous essaierez de visser pour tester les Telekom et Richard pourrait alors contrer. Donc, pas de bagarre prématurée tant qu'on ne l'a pas décidé. Ce serait suicidaire. À la rigueur, quelqu'un qui se sent bien peut accompagner un coup qui part, mais pas plus, OK ? »

Personne ne broncha. Les organismes fatigués par deux semaines de course ressentaient probablement le besoin de souffler. Peut-être, après tout, qu'on ne m'écoutait déjà plus ?

Peu après le départ, une escarmouche prit corps, qui ne laissa plus que Laurent Jalabert seul en tête. Relégué dans les dernières pages du classement général, Jalabert avait attaqué dès le col de Tamié, classé 3e catégorie, dans l'espoir de marquer le Tour de sa présence. Le leader de la Once ouvrait ainsi le passage sur les cols suivants, la Forclaz et la Croix-Fry, avant de se faire rejoindre sur les flancs de la Colombière, après quatre-vingts bornes passées en éclaireur. Jalabert ne représentait aucun danger, mais mon équipe ne le prit pas ainsi. Radio-Tour crachotait une manigance qui m'échappait totalement : les coureurs Festina s'étaient portés à l'avant du peloton pour durcir le rythme.

Aussitôt, j'appelai Pascal Hervé par le canal interne.

« Pascal, tu peux descendre à la voiture ? Qu'est-ce qui se passe ? »

Quelques instants plus tard, Hervé apparaissait en queue du peloton avant de se porter à ma hauteur.

« Explique-moi. Qu'est-ce que vous faites ? Pourquoi roulez-vous derrière Jalabert ?

— C'est Richard qui veut qu'on roule.

— Mais pourquoi ?

— J'en sais rien, moi. T'as qu'à voir ça avec lui. »

J'appuyai sur l'accélérateur. Avec l'autorisation des commissaires de course, je dépassai le peloton pour revenir sur Virenque. Il était calé dans les roues de Moreau, Stephens, Bortolami et Rous qui s'étaient exécutés.

« Merde, à quoi vous jouez, Richard ? Ça ne rime à rien, tout ça ! »

Richard continuait a regarder droit devant lui, m'ignorant ostensiblement. Je restai à sa hauteur quelques secondes, espérant je ne sais quoi, un semblant de réponse, une idée de fin stratège, un signe qui m'aurait fait comprendre. Non, rien. Je n'insistai pas. Il n'a jamais été dans ma nature de taper du poing sur la table. J'étayais toujours mes arguments, dans la concertation la plus large. Peut-être que je redoutais inconsciemment la réaction de Richard ; peut-être ne voulais-je pas m'entendre dire ce que j'étais devenu, après en avoir vu beaucoup trop la veille dans les chambres. Je rétrogradai pour reprendre ma place dans la file des voitures suiveuses. Oui, je suivais, je subissais. Je n'étais plus le patron. C'était officiel. Après les *home-trainers* de la veille, voilà que ma propre équipe rongeait le champ de mes compétences. L'engloutissait. La passation s'était faite sans un mot, dans l'indifférence. Dans le rétroviseur, je regardai la tête de mes collègues. Étaient-ils, eux aussi, réduits à n'être que de simples conducteurs ?

En deux jours, j'étais passé de l'exaltation à la consternation puis à l'effondrement. En deux jours, Marco Pantani doublait sa mise sur le toit de l'Europe tandis que Richard n'était toujours pas parvenu à décramponner Ullrich.

Le soir, à l'hôtel Le Névé, le divorce était consommé. L'opération menée derrière Jalabert avait, évidemment, tout fichu par terre. Richard en était bien conscient, lâchant pour la première fois son « maintenant, c'est cuit ». Mais son orgueil lui interdisait de faire amende honorable. D'ailleurs, à table, les mines étaient penaudes. Les gars ne faisaient plus les fiers. Ils avaient roulé toute la journée pour des prunes. Leur aveuglement s'était soldé par une occasion perdue, la dernière qui leur permettait objectivement d'abattre leur dernier atout. Neil Stephens s'était d'ailleurs rangé à mon avis. Ils avaient fait les cons pour satisfaire la hargne de leur chef. Mon chef.

J'avais toutefois besoin d'une explication rationnelle, si tant est qu'elle existait. Cette fois, Richard ne pouvait pas se défausser derrière un coureur ou feindre de ne pas m'entendre.

« Alors, tu es content de ta journée ?

— Ben oui, pourquoi ?

— Parce que je trouve qu'on a été nuls tactiquement. »

De ce jour, nos échanges n'ont plus jamais été les mêmes. Il ne pouvait plus justifier ses entêtements, qui n'étaient pas passés inaperçus. Le lendemain, dans un quotidien national, une chronique signée Jean-François Bernard fustigeait à juste titre notre attitude. Le grand Jeff avait vu juste. Non seulement nous avions fait chou blanc mais on s'était mis à dos le peloton en roulant comme des damnés toute la sainte journée. C'en était trop. Le pacte était rompu, celui qui respectait des trêves tacites au milieu des bombardements.

Ma curiosité restait insatisfaite. Pourquoi diable avoir roulé derrière Jalabert ? Cette folie me taraudait l'esprit. Réflexion faite, j'entrevoyais deux motifs, sans savoir lequel avait supplanté l'autre dans la tête de Richard. Tout d'abord, Laurent Jalabert restait un concurrent de Richard dans le cœur des Français. En cas de victoire d'étape, la cote de popularité du Mazamétain aurait pu grimper au détriment de la sienne. Ça, Richard ne l'aurait pas supporté, au point de perdre toute lucidité. Que Jalabert soit le numéro un mondial au classement UCI ou qu'il exprime son talent dans les classiques, soit, il ne pouvait d'ailleurs le contester ; mais qu'il vienne marcher sur ses plates-bandes, son terrain de jeu, non, ce n'était pas concevable.

Du reste, un contentieux existait entre les deux hommes. Début juin 1996, au terme de la Classique des

Alpes, prélude au Critérium du *Dauphiné libéré*, Manolo Saiz avait accosté violemment Richard. La victoire de son leader Laurent Jalabert n'avait visiblement pas calmé les esprits. Dans l'ascension du dernier col du jour, Jaja s'était échappé sans que personne puisse répondre à son démarrage. Indurain était alors à la peine, et Luc Leblanc, parti en contre, naviguait entre deux eaux. Dans la descente, c'est Richard qui avait organisé le groupe de « chasse » avec Indurain à ses côtés, mais en pure perte.

Jalabert et Virenque s'étaient retrouvés dans la caravane du contrôle antidopage. Le vainqueur était en train de satisfaire au contrôle quand Manolo surgit, rouge de colère. Agressif, vulgaire, incontrôlable, le directeur sportif de la Once couvrait Richard d'insultes pour avoir roulé avec Indurain. Même si le personnage, au demeurant agréable, était connu pour ses coups de sang, son comportement était inacceptable, et même incompréhensible puisque son coureur s'était imposé.

Le ton monta très vite entre les deux hommes et ils en étaient presque aux mains quand je tirai la porte. Jalabert rejoignait la scène lui aussi. D'une voix calme, il déplora avec des mots plus convenables la collaboration de Richard avec Indurain.

« Tu n'étais pas obligé de rouler avec Indurain... »

J'intervins.

« D'abord, Manolo n'a pas le droit de s'en prendre ainsi à un type qui vient de se taper deux cents bornes de montagne. Ensuite, s'il ne roule pas avec Indurain, il ne risque pas de gagner. Et s'ils reviennent sur toi, Richard a encore une chance de s'imposer en tentant de filer aux cinq cents mètres. Il jouait sa carte, bon sang !

C'est la négation de la course que vous êtes en train de nous proposer. »

La discussion en resta là. Mais pas cette rivalité larvée, attisée par l'impulsivité de Manolo.

Quatre jours plus tard, on remettait les couverts. Richard et Laurent se retrouvèrent seuls dans le final de l'ascension du mont Ventoux, l'étape clé et majestueuse du Critérium du *Dauphiné libéré*. Mais à trois kilomètres du sommet, Jalabert stoppa sa collaboration. Son geste n'était pas prémédité comme sembla le croire Richard. Simplement, il ressentait le besoin de souffler. Voyant cela, je montai à la hauteur des deux échappés. M'adressant à Richard, mais prenant soin d'être entendu par Jalabert, je lui demandai de couper son effort.

« Brochard est à moins de vingt secondes derrière, tu n'as qu'à l'attendre. »

Le bluff avait fonctionné. Aussitôt, Jalabert avait repris ses relais, mais sans la même efficacité que ceux de Richard. Tout là-haut, la victoire de Virenque fut acquise à la régulière, l'arrangement étant d'ailleurs exclu après l'épisode récent. Les relations entre les deux hommes ont toujours suivi la courbe de leurs performances. Les prises de bec naissaient quand les deux misaient sur un objectif commun ; ils devenaient solidaires quand leurs intérêts n'entraient pas en conflit ou lorsque les événements réclamaient qu'ils fassent bloc, comme en 1998. La découverte grandeur nature du phénomène dopage a naturellement rapproché ceux qui étaient visés. En dépit de leur concurrence, ils étaient confrontés aux mêmes questions. Et le fait de s'être installés tous deux en Suisse a renforcé leurs rapports.

Le deuxième motif qui pouvait expliquer cette cavalcade épuisante et stérile derrière Jalabert était Virenque lui-même. Il était persuadé qu'en faisant imprimer sans relâche le tempo Ullrich finirait bien par craquer. Il ne se fiait qu'à ses propres sensations et certitudes, sans tenir compte de celles des autres, équipiers ou non. Or, ce n'est pas en tirant uniformément sur une corde qu'elle rompt mais en modulant ses efforts. Son impétuosité se retourna contre lui. Il était le chouchou du public, il venait de se déclarer le patron de l'équipe mais ça ne suffisait pas : il voulait dorénavant être celui du peloton, du Tour. Malheureusement, sa quête forcenée oubliait les « fondamentaux » : la stratégie et la patience. L'autre facette des champions, celle qui se mûrit, s'échafaude. En fait, il jouait aux dames sur un jeu d'échecs ; les coups devaient être gagnants sur-le-champ, sautant les cases, empilant les pions en ignorant les pièces maîtresses.

Toute la journée durant, notre équipe roula avec Ullrich sur son porte-bagages, se comportant comme si le Maillot jaune était sur les épaules de Richard. Il s'y voyait déjà. Plutôt, il s'y revoyait, comme en 1992, lorsqu'il avait revêtu l'étoffe sacrée, le temps d'une journée. Le Maillot jaune incarnait son saint suaire, l'autre — le maillot à pois de meilleur grimpeur — n'ayant plus la même valeur à ses yeux à mesure qu'il accumulait les victoires.

À la veille de l'étape Morzine-Fribourg du 22 juillet, des bruits de plus en plus pressants annonçaient la venue d'Alex Zülle chez Festina. La fuite devenait dès lors difficile à maîtriser. Un reporter suisse m'avait prévenu : quelques journaux allaient sortir l'info le lendemain dans leurs colonnes. Profitant de la présence de Miguel Rodriguez, il était nécessaire de désamorcer cette bombe au plus vite. L'Andalou avait donné son accord : on irait voir Richard le lendemain matin pour lui exposer la situation. La présence du sponsor était indispensable pour que Richard n'imagine pas un coup tordu.

Alex Zülle avait signé son contrat de deux ans avant même le départ du Tour en présence de son agent Marc Biver, représentant d'IMG Suisse, filiale de McCormack. Mais, comme je l'ai dit, la réaction de Richard était trop prévisible pour qu'on le lui annonce avant le Tour. Le sachant, il se serait laissé emporter par son narcissisme plutôt que de prendre le temps d'apprécier le bénéfice d'un tel renfort.

Huit semaines avant le départ du Tour, à la demande de Miguel Rodriguez qui souhaitait enrôler un gros calibre en fin de contrat et capable de remporter un grand Tour, j'avais approché le coureur suisse. Son agent m'avait signifié qu'il ne se plaisait plus guère à la Once, que le courant ne passait plus avec les responsables de son équipe et qu'il avait envie de changer d'air. Les termes de l'accord furent vite trouvés. Zülle était un garçon facile à vivre, sans exigence particulière. Les conditions financières étant conformes à son statut, on ne pouvait que trouver un terrain d'entente. Le plus délicat était maintenant de faire entendre raison à Virenque et nous n'étions pas au bout de nos peines.

Peu après le petit déjeuner, Richard nous attendait

assis sur son lit, Laurent Dufaux à ses côtés. Je pris la parole.

« Voilà, Richard : tu as déjà entendu çà et là des bruits. On vient te confirmer qu'Alex Zülle va intégrer l'équipe. Sache que c'est la volonté d'un sponsor qui a des marchés à gagner et que cette décision ne va surtout pas à l'encontre de tes intérêts. »

Je développai mes arguments avec des termes choisis. Richard ne m'interrompit pas une fois. Il écoutait mais, manifestement, il accusait le coup. Il ne voyait que son nombril et sa déception. On chamboulait son petit organigramme, on voulait lui nuire. La présence de Miguel Rodriguez l'incitait probablement à la mesure.

« C'est vrai, admit-il, j'en ai entendu parler. »

Miguel Rodriguez intervint à son tour. Avec des mots de patron.

« Richard, on ne peut plus se permettre de s'aligner sur trois grands Tours avec un seul vainqueur potentiel. Sur le Giro, on a toujours fait de la figuration. Or, j'ai besoin de percer le marché italien, ce qui ne changera rien pour toi. Dans cet objectif, on envisage dans un premier temps de mettre Zülle sur le Giro et la Vuelta, puis de le lancer coleader sur le Tour. Il n'est pas question de remettre en cause ta position de leader sur le Tour. D'ailleurs, tes chances de gagner seront largement aussi grandes avec ou sans Zülle. »

Richard n'argumenta pas.

« Bon, puisque vous le voulez ainsi et que je garde mon statut de leader sur le Tour, ça me va. »

L'entretien dura une bonne demi-heure. Après

nous être quittés, nous pensions avoir fait les choses dans les règles.

Mais en arrivant dans le village-départ, Richard nous réserva une drôle de surprise. L'information étant parue dans certains quotidiens, les journalistes lui tombèrent dessus. Face à eux, il se fendit alors d'une déclaration déroutante : il venait d'apprendre le recrutement de Zülle par la lecture des journaux. Son orgueil reprenait le dessus. Pour ne plus le quitter.

Richard n'accepta jamais cette initiative qui était pourtant l'œuvre de celui qui le rétribuait grassement. Dans sa logique égocentrique, doubler les capacités de victoires de l'équipe, c'était douter des siennes. Embaucher Zülle était commettre un crime de lèse-majesté. Richard et les siens se prenaient pour des seigneurs, un mot qui revenait souvent dans leurs conversations quand il s'agissait de se définir. Et puis, surtout, Richard n'était plus en état de comprendre : lui qui s'était installé depuis quelques jours à la tête de l'équipe pouvait difficilement avaler qu'on lui impose un choix. La « Virenquemania » développait sa « mégalomania ». Personnellement, je ne vivais pas trop bien cette effervescence fulgurante. Les mouvements d'une foule qui se piétine pour une photo forcément ratée m'ont toujours angoissé. Je préférais la satisfaction d'une stratégie aboutie aux tapes sur l'épaule, la sérénité à l'étouffement, l'ombre régénératrice aux coups de soleil. Tout le contraire de Richard, en somme. Dans son esprit tourné sur lui-même, la venue de Zülle ne pouvait que lui faire de l'ombre. Zülle, ou n'importe quel autre. La présence du Suisse alémanique était forcément dérangeante, néfaste, et il le considérait comme un adversaire au sein même de son équipe. Donc comme un homme dangereux. Et Zülle en prit pour son grade.

Les mois qui suivirent, jusqu'à l'incorporation officielle de Zülle, n'apaisèrent pas les esprits. Se sentant bafoués, les rangs de la Baronnie se resserrèrent autour de Richard. Obtuse, sectaire, franchouillarde, la petite bande attendait le nouveau venu de pied ferme, le « boche » comme l'appelait d'ailleurs Pascal Hervé. Il n'y avait pourtant pas plus agréable à vivre que lui. Sur ses premières courses de l'année 1998, Alex fit d'ailleurs preuve de beaucoup de bonne volonté pour se fondre dans un moule qui le rejetait. Il donnait plus que ce qu'il devait, n'hésitant pas à descendre lui-même récupérer les bidons sous le maillot Festina début 1998. Le Suisse faisait l'équipier. Humainement, le pauvre Alex eut bien du courage pour ne pas craquer face à tant de coups bas. Et son déclin subit dans le Giro, qu'il avait démarré tambour battant, déclencha une vague de rires sous cape dans les rangs de la Baronnie. Des seigneurs.

La dégradation de nos relations empirait au fil des heures, étape après étape. La communication était rompue. Black-out total, silence radio. En ce 22 juillet qui nous amenait en Suisse, une mésentente chassa l'autre. Sur le final, quatre Festina s'étaient immiscés dans le groupe de tête, fort de vingt-cinq hommes, qui n'allaient plus être rejoints. Le rapport de force se présentait largement en notre faveur mais il fallait jouer fin : en cas d'arrivée au sprint, nos chances de l'emporter étaient quasi nulles. Ni Hervé, ni Moreau, ni Dufaux, ni même Virenque ne possédaient la pointe de vitesse suffisante pour faire la nique aux finisseurs, dont un certain Frank Vandenbroucke. La dernière difficulté du jour, un petit raidard planté à un kilomètre de l'arrivée, tombait à pic. J'appelai Pascal Hervé par la radio.

« Pascal, faut attaquer dans la bosse. Toi de préférence, puis Laurent si ça foire, car Richard sera étroitement surveillé.

— Non, on ne fait pas comme ça. Richard veut qu'on arrive au sprint.

— Comment ça, au sprint ? Vous rigolez ou quoi ? Vous êtes quatre devant. Vandenbroucke et Mengin, vous en faites quoi ? »

Silence radio. Je repris la parole :

« C'est nul, Pascal, c'est nul...

— De toute façon, Richard veut que ça se fasse comme ça. »

Et cela se fit ainsi. À l'arrivée, Vandenbroucke ne termina que deuxième. Derrière Christophe Mengin.

Le soir, dépité, je les retrouvai au dîner. Je ne pouvais pas leur cacher tout le bien que j'avais pensé de leur génie stratégique.

« Bravo, les gars, c'est ce que vous avez voulu. Franchement, bravo ! »

Ils piquaient tous du nez dans leur assiette. Leur comportement était indéfendable. Et s'ils commettaient maintenant bourde sur bourde, c'est moi qui devais les assumer devant la presse. Mais je n'avais pas encore assisté au pire. Le pire étant, pour moi, de perdre le Tour là où on avait une chance inespérée de le remporter.

Les carottes étaient cuites, la hache de guerre enterrée. Ce qui se vivait dans une liesse populaire à l'extérieur avait désormais des allures de débâcle dans ma tête. C'est dans un état d'esprit morose qu'on s'était rendus au départ de la 18e étape, Colmar-Montbéliard.

Sur place, Richard s'acquittait de ses tâches routinières quand son regard tomba sur le visage d'Ullrich. Sa pâleur lui sauta aux yeux. L'Allemand lui était apparu blême, bouffi, un peu comme quelqu'un qui ne se sent pas bien. Oui, qui est malade, une gastro-entérite ou quelque chose du genre, ça ne faisait aucun doute. Intuitivement, Richard l'avait suivi des yeux : Ullrich se dirigeait vers les toilettes.

Branle-bas de combat dans l'équipe et changement de programme : ce qui ne devait être qu'une journée de moins avant Paris devenait une opportunité de plus pour tenter l'impossible. Aussitôt, Richard fit passer le mot à ses équipiers :

« C'est sûr, Ullrich est patraque ; allez voir sa gueule, je vous dis, il est cramé ; finalement, il n'a pas les trois semaines dans les jambes ; faut passer à l'action. »

Un espoir inconcevable une heure plus tôt surgissait de nulle part. La supériorité communément admise d'Ullrich était remise en cause. Le moral de la troupe monta soudain en flèche. Allez, les gars, changement de tactique ; un dernier coup de rein pour ne rien regretter !

La dernière bataille du Tour allait durer deux heures, et sur les terres mêmes d'Ullrich. Sur les bas-côtés, un nombre impressionnant de spectateurs allemands avait passé la frontière pour célébrer son héros.

C'est Virenque en personne, flanqué de Pantani, qui mit le feu aux poudres dès Markstein, premier étage de la montée du Grand Ballon. Moreau, Rous, Hervé et Dufaux multiplièrent alors les attaques pour mettre l'équipe Telekom à l'épreuve et seul Bölts parvenait tant bien que mal à juguler les démarrages.

De ma voiture, située en deuxième position à une trentaine de mètres de la queue du peloton, je pouvais entendre le remue-ménage. Les coureurs, rincés, gueulaient à qui mieux mieux : « Festina, enculo ! », « Putain les Festina, faites chier »... Qu'importe, les effets étaient payants et Richard avait vu juste : au sommet du Grand Ballon, Ullrich pointait à vingt-trois secondes du groupe de tête qui comprenait Pantani, Casagrande, Escartin, Olano, Rodriguez, Julich, Jalabert et quatre Festina — Hervé, Rous, Dufaux et Virenque. Derrière, l'équipe Telekom était écartelée. Udo Bölts ramena pourtant son leader dans la descente, mais une nouvelle attaque conjuguée de Pantani et de Virenque dans le col de Hundstuck, un monticule anodin de 750 mètres classé en 2e catégorie, mit l'Allemand à la torture. La bonne échappée comprenait cette fois Pantani, Olano, Julich, Casero, Casagrande, Robin, Nardello, Madouas, Roux, et les quatre de Festina. Et nous n'étions qu'à mi-parcours.

Au sommet de ce col en principe sans histoire, à quelques kilomètres de sa région natale, le Maillot jaune commença à vivre un calvaire. En tête d'un groupe de chasse d'une vingtaine d'hommes, son équipier Udo Bölts commençait sérieusement à piquer du nez, les poursuivants étaient éparpillés dans la nature, l'équipe Telekom était aux abois, et l'écart passa la trentaine de secondes. Pas croyable : avec quatre-vingt-dix bornes à suivre, le Tour pouvait basculer !

Les signes avant-coureurs étaient donc fondés, qui avaient montré un Ullrich décroché dès l'ascension du Glandon dans l'étape menant vers Courchevel, puis une nouvelle fois à la traîne dans la montée du col de la Croix dans l'étape remportée par Mengin à Fribourg. Ullrich craquait, il était pratiquement esseulé, il pâlissait à vue d'œil...

À l'arrière, la chasse mit un temps à s'organiser. Sentant le vent, Walter Goodefroot dut aller dégoter dans l'urgence quelques alliances. En pareil cas, les minutes comptent double. Un directeur sportif doit tout d'abord faire un état des lieux, mettre des coureurs, voire des équipes, dans le coup, puis, au besoin, mettre la main à la poche. La situation devenait sérieuse, pour ne pas dire critique... Je voyais tout ce petit monde s'agiter mais, problème, la communication radio ne passait pas. Aucune info, si ce n'est celles diffusées par Radio-Tour qui faisait alors état d'un avantage de cinquante secondes pour le groupe de tête.

Je n'avais, dès lors, plus qu'une obsession : rejoindre mes gars à l'avant, leur faire part de la panique derrière eux, de la mine rouge et gonflée d'Ullrich calé dans la roue de son équipier essoufflé qui perdait du temps. Mais les routes sinueuses m'interdisaient tout dépassement. Enfin, profitant d'un bref passage dans une vallée, je laissai tout ce beau monde derrière moi. En quelques minutes, je rejoignis les échappés.

Mais une fois dans leur sillage, stupeur : Virenque était en train de lever le bras, zigzaguant sur la route.

En me portant à sa hauteur, je restai interdit. Des larmes embuaient ses yeux.

« Ils veulent pas rouler ! C'est fini, j'ai perdu le Tour.

— On se calme, Richard, on se calme. Dis-moi ce qui se passe.

— J'ai discuté avec Laurent Roux. Il veut bien rouler parce que c'est un pote mais c'est le seul. »

À demi-mot, il me fit alors comprendre qu'il s'était engueulé avec les hommes importants de l'échappée, Pantani et Olano.

« Mais tu leur as proposé quoi ?

— Je leur ai proposé dix mille balles.

— Dix mille balles pour rouler ? Mais tu plaisantes ? On ne propose pas dix mille balles à Pantani ! Avec ça, tu ne trouveras personne pour te donner un coup de main !

— Ils m'ont dit que nous devons d'abord rouler et qu'ils aviseraient ensuite.

— Mais c'est normal, ça ! Dans l'affaire, Pantani et Olano n'ont pas grand-chose à gagner. Les écarts sont trop grands pour qu'ils gagnent des places au classement général. »

En effet, la logique de course voulait qu'on prenne les choses en main. Dans ma voiture, j'avais échafaudé le plan de bataille, un scénario que tout directeur sportif aurait alors imaginé : d'abord, faire rouler plein pot Dufaux, Rous et Hervé ; puis, se mettre en relation rapide avec le directeur sportif de TVM, celui de Laurent Roux, pour discuter ou négocier financièrement avec lui, car son coureur était le plus éloigné au classement général. Avec quatre types à la barre, on avait toutes les chances de creuser l'écart. Ensuite, approcher les seconds couteaux avec ce qu'il fallait sur la table. Ce qui n'était pas envisageable dix kilomètres en arrière devenait réalisable si le trou était fait. Enfin, il aurait alors été temps d'entrer en négociations avec les plus récalcitrants, d'insister poliment sur la possibilité d'une victoire d'étape. Personne n'aurait craché là-dessus, pas même les directeurs sportifs d'Olano et de Pantani, ceux de Banesto et de la Mercatone Uno.

J'avais eu une douzaine de kilomètres et dix bonnes minutes pour réfléchir à la question. C'était franchement jouable. Mais il fallait payer pour réussir et cette transaction avait un prix : cinquante mille francs pour un équipier, cent mille francs pour un leader s'il acceptait d'entrer dans la danse. Les bonnes pointures présentes dans l'échappée auraient pu, conscientes de la situation, faire monter le budget de l'opération à cinq cent mille francs en cas de participation générale. Dans une tout autre mesure, ce genre de tractations avait déjà eu lieu, pour remporter cinq mois plus tôt l'Étoile de Bessèges avec le tout jeune Patrice Halgand, par exemple. Une équipe française avait été embauchée selon le « tarif syndical », cinq mille francs par coureur par journée de boulot. Ce procédé pouvait aussi s'adresser individuellement, comme ce fut le cas lors de la victoire d'étape de Laurent Dufaux à Pampelune sur le Tour 1996. Non seulement Bjarne Riis avait accepté de laisser gagner le Suisse pour trente mille francs, mais l'Espagnol Fernando Escartin n'avait pas donné sa part au chat pour créer les conditions de l'échappée moyennant cinquante mille francs... Et croyez-moi, si on pouvait acheter, c'est qu'il y avait toujours des hommes à vendre : vendre un service, une victoire, même un maillot.

Mais cette fois, on pouvait viser haut, très haut ; il n'y avait d'ailleurs pas au-dessus et c'est pourquoi il fallait mettre le paquet. Qu'était-ce finalement comparé à la perspective tombée du ciel d'une victoire inestimable ?

En pareil cas, les prévisions sont difficiles à évaluer mais si tout nous avait souri, l'écart final aurait très bien pu passer la barre des cinq minutes, peut-être six, peut-être plus. Sur le podium protocolaire planté à Montbéliard, le Maillot jaune aurait alors pu changer d'épaules. Certes, le contre-la-montre de l'avant-dernier jour était dessiné pour Ullrich mais qui sait si un Virenque alors transcendé n'aurait pu faire jeu égal avec un Ullrich diminué ? Objectivement, je ne le pense toujours pas. Mais pour le sponsor, pour le coureur, pour l'équipe, quelles retombées !

Ce qui aurait pu être considéré comme le summum du Tour se solda finalement par un énorme gâchis. En douze kilomètres, Richard avait tout fait à l'envers. Non seulement il avait pris ses désirs pour des réalités, mais son impatience, son arrogance, sûrement, l'avaient totalement desservi. Là où il fallait jouer avec subtilité et diplomatie, Richard avait montré les dents. Mais on ne s'adresse pas à un Pantani comme on parle à un équipier à sa botte. Quand j'arrivai sur les lieux, il était déjà trop tard : la situation en était à son point de non-retour.

Richard agitait le bras à l'adresse de Rous et d'Hervé, leur faisant signe de prendre le large. Avec eux, c'est le Tour qu'il laissait partir sous son nez pour ne pas avoir eu la lucidité d'analyse du patron qu'il prétendait être.

Au plus fort de la mésentente, ses deux équipiers obtenaient un bon de sortie. Personne n'eut le cœur de s'accrocher aux wagons d'autant qu'il restait près de quatre-vingts kilomètres à couvrir. Et ce qui se termina en une apothéose supposée avec la victoire de Didier Rous n'était en fait qu'une déplorable conclusion. Pour la petite histoire, Rous, tel un aéroglisseur, lâcha son copain en route vers le succès, le quatrième de l'équipe Festina. Derrière les sourires de façade, nous étions peu à comprendre ce qui s'était réellement passé en coulisses.

Dans la presse, Philippe Bouvet, responsable de la rubrique cyclisme de *L'Équipe*, fut l'un des rares à mettre pertinemment le doigt là où ça faisait mal. Le contre-la-montre qui précédait l'arrivée finale sur les Champs-Élysées atténuait les regrets. Richard cédait 2'47" de mieux à Ullrich, se contentant de ne pas avoir été rejoint par l'Allemand. C'était super, en effet, mais nous étions finalement passés à côté de l'extraordinaire. Dorénavant, il fallait passer l'éponge, oublier ce dépit, rebondir, user de toutes nos armes, et Alex Zülle allait y contribuer, pour que le prochain Tour soit le nôtre. Quitte à monter, comme tout le monde, quelques coups en douce.

3

Le vouloir ou le pouvoir...

Mais où avais-je bien pu le ranger ? Je tournais en rond, descendant et remontant l'escalier. Je n'arrivais pas à mettre la main sur le chargeur de mon téléphone portable. Ma valise était prête et n'attendait plus qu'à être bouclée. Nous étions l'après-midi du mercredi 8 juillet 1998. Le lendemain matin, je devais être à Roissy pour décoller vers Dublin. Je partais pour mon neuvième Tour de France. L'équipe était prête à gagner pour la première fois. À preuve, ce Tour de la déchéance, mais ce Tour quand même, livrera malgré tout un vainqueur. Pour la première fois depuis Lucien Van Impe en 1978, il consacrera un grimpeur, Marco Pantani...

Je furetais un peu partout quand le téléphone de la maison retentit.

« Bruno, c'est pour toi !

— Oui, oui, je prends. Allô ? »

Au bout du fil, Michel Gros, mon adjoint. Il était encore à l'entrepôt de l'équipe à Meyzieu.

« Bruno ? Voilà, faut que je te dise : Willy a été

arrêté ce matin à la frontière belge. On vient d'avoir la visite des Douanes de Lyon. Ils ont mis la main sur des produits pharmaceutiques et en ont établi la liste sur procès-verbal. »

Aïe... À peine avais-je raccroché, je passai un coup de fil à Éric Rijckaert chez lui, près de Gand. Je lui racontai l'histoire.

« Dis-moi, Éric : ces produits, c'est grave ou pas ?

— Non, non, rien de bien méchant. Juste un produit un peu embêtant, c'est tout. »

C'était ennuyeux. Et puis je faisais le rapprochement avec l'appel de la veille au soir : Joël Chabiron m'avait demandé où était passé Willy.

« On devait se retrouver au Cottage Hôtel de Calais vers 21 heures avec le reste de l'encadrement, mais il n'est toujours pas arrivé. Et on n'a aucune nouvelle. T'en as, toi ? »

Non, pas plus que les autres. Jusqu'à ce que Michel Gros me prévienne.

Je retrouvai finalement le chargeur de mon téléphone, mais on avait perdu Willy.

Le lendemain matin, l'équipe avait embarqué sans Willy sur le ferry qui faisait route vers l'Irlande. Quant à moi, après une nuit agitée, je prenais un vol Lorient-Paris pour rejoindre le contingent des équipes qui s'envolait pour Dublin. À l'aéroport britannique, j'ai attendu Richard Virenque qui arrivait par un vol différent. C'est une fois dans la voiture que je lui fis part de la situation. Et sa toute première réaction me laissa pantois.

« Mais sans mes produits, comment je vais faire ? »

Voilà en quoi l'arrestation de Willy Voet le chagrinait.

En arrivant au Court Hotel à Killiney Bay, à une cinquantaine de kilomètres au sud de Dublin, je mis tous ceux de l'équipe que je croisais dans la confidence. Leur visage était inquiet. Je ne savais rien, ni sur la nature exacte des produits concernés ni sur leur quantité, mais il fallait bien que je dise quelque chose de rassurant. Nous étions alors à deux jours du prologue.

En fin d'après-midi, je m'étais rendu à la permanence en compagnie de Michel Gros. C'est là qu'un journaliste radio m'aborda :

« Dites donc, vous avez récupéré tout le monde ?

— Euh... ben oui. Pourquoi ?

— Comme ça, comme ça... »

Ma réponse sonnait visiblement faux. En fait, j'espérais encore que Willy débarquerait, qu'il me taperait sur l'épaule en sortant d'un buisson, qu'il me tirerait de cette mauvaise farce, de ce mauvais pas.

Le soir à table, toute l'équipe Festina était au parfum. Perplexe. Que penser, que dire ? Mais après tout, peut-être que la cargaison transportée par Willy était minime...

C'est l'après-midi du vendredi 10 juillet, peu avant la présentation des équipes, que le cauchemar débuta. Au téléphone, Sylvie Voet était dans tous ses états.

« Willy est en prison, Bruno. Oui, en prison, à Loos. Faut pas le laisser tomber, hein ? »

Je la rassurai tant bien que mal : bien sûr que je n'allais pas laisser tomber Willy, mais où allions-nous ? Dans le bus qui nous amenait dans le centre-ville de Dublin, j'avertis les coureurs.

« Attendez-vous à être interrogés sur le sujet. Mais pour l'instant, dites-en le moins possible. »

Un rappel inutile : vu leurs antécédents et le système médical mis en place depuis plusieurs années, ils se doutaient que Willy ne transportait pas de la vitamine C. Et, question langue de bois, ils n'avaient rien à apprendre.

Les coureurs se présentaient sur le podium quand plusieurs journalistes m'entourèrent : la rumeur avait bel et bien enflé.

Heureusement, le soir même, j'étais convié à une réception donnée dans les jardins de la « Maison blanche » à Phoenix Park, en présence de Mme Robinson, présidente de la République d'Irlande. J'y retrouvai Jean-Marie Leblanc, Roger Legeay et une petite poignée de directeurs sportifs. On me présenta pour la première fois à Marie-George Buffet qui me salua avec un sourire. Comme je l'ai appris plus tard, à cet instant, la ministre de la Jeunesse et des Sports savait. Elle avait été informée de la nature de l'arrestation, des résultats des analyses, des deux cent trente-cinq doses d'EPO, des quatre-vingt-deux autres d'hormones de croissance, des soixante de Pantestone, des corticoïdes, et j'en passe. De notre côté, nous n'avions toujours pas conscience qu'une énorme déflagration allait se faire entendre. Le Tour partait le samedi 11 juillet. Trois jours après l'interpellation de Willy, le cyclisme s'est arrêté là.

Je ne rappellerai pas ce qu'on sait déjà sur le plus gros scandale du siècle mis au jour dans le sport. Je n'insisterai pas davantage sur ma détresse personnelle, isolé comme jamais dans mon angoisse, dépassé par l'événement, miné par des nuits sans sommeil, regardé comme un paria par certains collègues moqueurs, des Français surtout. Je représentais une menace pour la pérennité d'une épreuve, d'un sport. Par la suite, à leurs yeux, mon irresponsabilité fut d'avoir pris ma part de responsabilité devant la justice.

Ce qu'on sait moins, c'est que pour les coureurs, la catastrophe se situait ailleurs ; ils n'étaient pas plus perturbés que cela, comme en attestent les résultats du prologue : sur les 5,6 kilomètres de mise en bouche, Virenque décrochait un super chrono, à douze secondes du vainqueur Chris Boardman tandis que l'équipe réalisait un remarquable tir groupé : cinq coureurs classés parmi les seize premiers (Moreau 5e, Zülle 7e, Dufaux 8e, Virenque 14e, Brochard 16e !). Pour eux, la question d'actualité se posait en ces termes : Willy appréhendé, comment allaient-ils pouvoir faire face à l'urgence ?

Dans la grande tradition de la solidarité des soigneurs, l'un d'entre eux, dépanné dans un premier temps par ses collègues espagnols n'avait, m'a-t-on appris par la suite, pas pris plus d'une semaine pour mettre sur pied une autre source de ravitaillement et reconstituer les stocks. Voilà quelle était la préoccupation majeure des coureurs avant que Jean-Marie Leblanc ne prononce leur exclusion au soir du 17 juillet. Les commissaires de l'UCI ne voyaient pourtant aucune raison juridique ou sportive d'empêcher les coureurs Festina de prendre le départ de la 7e étape. Mais il fallait sauver le Tour. En coupant une main, on protégeait le corps. La gangrène était soi-disant jugulée.

Pourtant, une partie du milieu m'apporta un certain soutien. Que ce soient des coureurs tels que Philippe Gaumont ou Laurent Desbiens, des directeurs sportifs comme Vincent Lavenu, Laurent Biondi (Casino) ou Bernard Quilfen (Cofidis), et plus encore les collègues étrangers (Eusebio Unzue, Davide Boifava, Alvaro Pino, Gianluigi Stanga...), ils compatissaient sincèrement au malheur, qui n'était encore que le nôtre.

« On est avec toi, Bruno, mais tu comprends, on ne peut pas monter davantage au créneau », m'expliquait Alvaro Pino, le directeur sportif de Kelme.

Non, on ne pouvait plus rien. Ce soir-là, la France hurlait son bonheur sur le toit du monde après avoir battu le Brésil 3 à 0. À mille kilomètres de là, le cyclisme creusait sa tombe.

Quelques heures plus tôt, en fin de soirée, je m'étais rendu à l'aéroport de Dublin pour faire connaissance avec deux avocats. L'un s'appelait Bertrand Lavelot, l'autre Thibault de Montbrial. Bien connu du monde cycliste, Lavelot était le conseil de l'équipe de La Française des Jeux mais si j'avais fait appel à lui la veille par téléphone, c'est parce que des coureurs, Christophe Moreau notamment, m'avaient vanté ses mérites. Par la grâce d'appels et d'une contre-expertise, Lavelot avait en effet tiré Moreau d'affaire lors d'un contrôle positif aux anabolisants sur le Critérium international. Quatre mois plus tard, le Franc-comtois était au départ du Tour.

« C'est le roi du vice de forme et si la moindre faute s'est glissée dans la procédure, il te la trouvera pour tout faire annuler. »

Seulement, ne pouvant s'occuper de nos intérêts, Lavelot avait contacté son confrère Mignard, un pénaliste réputé de la place de Paris, qui confia l'affaire à l'un de ses associés de l'époque, Thibault de Montbrial.

« Il vous faut un cabinet spécialisé dans les affaires médiatiques plutôt porté à gauche politiquement », m'avait assuré Lavelot au téléphone.

Sur le moment, je ne voyais pas trop où il voulait en venir. Enseveli sous les problèmes, abattu par une succession de nuits blanches, mon cerveau n'arrivait plus à suivre.

« Vous savez, Bruno, me précisa-t-il, votre affaire ne va pas s'arranger. C'est un vrai merdier. Elle repose sur une lutte gauche-droite. C'est aussi politique. »

Je ne comprenais pas plus. Que venaient faire l'arrestation de Willy Voet et la saisie de produits là-dedans ?

Il était trop tard pour dîner. Si bien qu'on a passé la nuit au bar de mon hôtel, jusqu'à 4 heures du matin, entre des bières et quelques sandwiches. À vrai dire, j'étais soulagé de pouvoir m'épancher auprès de professionnels, de vider mon sac après avoir entretenu un semblant de moral à l'équipe. On s'était quittés tous les trois tombant de sommeil mais la phrase de Lavelot trottait dans ma tête. Ce n'est que des mois plus tard que je reconstituai le puzzle dont il m'avait livré la première pièce.

En avril 1998, j'avais reçu un coup de fil d'Agnès Pierret, directrice administrative de la société du Tour de France (STF).

« Jean-Marie [Leblanc] a entendu dire que vous

alliez faire une reconnaissance du contre-la-montre en Corrèze, en mai. C'est vrai ?

— C'est exact, en effet, mais en juin. »

Quelques jours plus tard, Jean-Marie Leblanc prit alors contact avec moi.

« Voilà, Bruno. Mme Chirac aimerait bien être avec vous pendant votre reconnaissance.

— Ah, bon ? Mais on sera là-bas pour bosser. Une journée comme ça, c'est jamais très simple et on n'aura pas beaucoup de temps. »

Mais Jean-Marie Leblanc insista.

« Tu sais, vous allez être les protagonistes du Tour. Tout le monde vous attend. On sait que c'est votre année. Et puis Richard [Virenque] a soutenu Jacques Chirac dans sa campagne présidentielle en 1995. C'est bon pour tout le monde, tu comprends. »

Je finis par céder, à contrecœur je l'avoue. Et le 22 juin au soir, par l'intermédiaire de Jean-François Lamour, conseiller aux sports à l'Élysée, c'est une équipe Festina pratiquement au complet (seul Laurent Dufaux, malade, n'avait pu se déplacer) qui se retrouva à l'hôtel La Seniorie, à Corrèze, un magnifique manoir où nous étions très attendus. On n'avait pas lésiné sur le plan médias, en effet : une centaine de personnes, dont Jean-Marie Leblanc, une équipe de télévision de France 2 et des représentants de la presse locale avaient été conviés à écouter la première dame de France faire l'éloge de sa région comme de son action en tant que conseiller général du canton.

Le lendemain, jour de la reconnaissance, Bernadette Chirac en personne prit place sur le siège passager de ma voiture. Une femme très agréable, avec son franc-parler, et ses idées. Tout avait été organisé. Dans mon dos, le cameraman de France Télévision filmait l'évolution des coureurs mais ne manquait pas de réagir quand Mme Chirac montrait du doigt un monument historique, une ferme modèle, une vache limousine ou un panorama valorisant. Un véritable prospectus publicitaire dont nous étions l'alibi. Puis, sous les yeux des photographes, elle avait longuement posé en compagnie de Richard Virenque. Le tout savamment mis en boîte aurait donc été retransmis le jour où le Tour arrivait à Corrèze, le 18 juin, terme du contre-la-montre. Manque de chance, ce jour-là, l'équipe Festina n'était plus vraiment la bienvenue : dans le café Chez Gillou, Jean-Marie Leblanc signifiait officiellement à Virenque et à ses équipiers leur exclusion avant de regagner sa chambre au château de Bity, à Sarran, chez le couple Chirac. Et, selon des témoins, si Virenque accepta cette humiliation, c'est parce qu'il aurait reçu un appel de... Jacques Chirac en personne[1]. Les belles images champêtres finiront sur une étagère poussiéreuse de l'INA.

La phrase de Bertrand Lavelot commençait à prendre tout son sens. Il était facile d'imaginer le contexte de l'affaire. D'un côté, un gouvernement de gauche et une ministre des Sports communiste farouchement vouée à la lutte antidopage, trouvant en l'affaire Festina un mobile légitime pour mettre un peu plus tard en place sa « loi Buffet » ; une ministre à la volonté réelle et inédite qui, selon *Libération* du 20 décembre 2000, « a trouvé, dans les cartons du ministère, la preuve que des affaires de dopage avaient

1. Fabrice Lhomme, *Le Procès du Tour*, Denoël, 2000.

été enterrées par son prédécesseur. Elle rompt ainsi le cordon ombilical de la tutelle sportive. » De l'autre, une société privée et libérale appartenant au groupe de presse Amaury qui avait apporté son soutien à la campagne présidentielle de Jacques Chirac en 1995 et avec laquelle Mme Buffet eut maille à partir en 1997 pour instaurer des contrôles supplémentaires sur le Tour. Et au beau milieu de ce bras de fer franco-français, une équipe au sponsor espagnol, dépourvue de tout appui politique pour avoir son siège en Andorre. Le champ de bataille politique était grand ouvert. Oui, à la réflexion, la vision de Lavelot se faisait plus nette.

Et la reconstitution fut une affaire de patience. La toute dernière pièce du puzzle me fut apportée le 26 novembre 2000, dans un petit restaurant caché derrière le tribunal de Lille. Ce jour-là, les débats du procès Festina approchaient de leur terme et nous nous étions retrouvés à déjeuner à cinq, mon épouse, mon avocat, le commissaire Romuald Muller, l'un de ses collaborateurs et moi-même.

J'avais souhaité les inviter car, contrairement à ce que j'avais pu lire, la police avait fait preuve d'une grande correction me concernant.

À l'heure du café, débonnaire, je jetai le bouchon sur le ton de la plaisanterie à l'adresse de Muller :

« Maintenant que l'affaire est terminée ou presque, vous pouvez bien me dire si on a été balancé, ou pas. Je crois savoir que les interventions des Douanes fonctionnent à 80 % sur dénonciation. »

Le commissaire lillois me sourit, me laissant comprendre que je n'étais pas dans le faux. Je le relançai, conforté par son attitude :

« J'ai quelques idées là-dessus. Et je ne serais pas étonné s'il s'agissait d'un de mes anciens collègues... »

Muller sourit à nouveau, accompagnant toutefois son sourire d'un bref commentaire.

« Vous comprendrez que je ne puisse pas vous en dire davantage. »

Je lui prononçai alors un nom, un seul.

« Désolé, je ne peux pas vous le confirmer... »

Ni me démentir. Willy Voet avait donc bel et bien été balancé par un homme du milieu. Un homme qui n'a fait ensuite que se plaindre du procès d'intention qui affectera le cyclisme.

Ce n'est qu'à l'arrivée de la 4e étape, à Cholet, que la police m'appréhenda. Ou me délivra. Six jours que je traînais ma conscience comme un boulet. Aussi, depuis ma descente d'avion en Bretagne, je m'attendais à tout instant à être accosté par un inspecteur en civil sur le tarmac, dans le bus, dans la rue ou à l'hôtel. Mon interpellation s'est finalement faite en douceur, alors que j'empruntais la dérivation des voitures des directeurs sportifs pour me rendre sur le parking des équipes. J'étais au téléphone avec mon avocat, Thibault de Montbrial, quand un motard me fit signe de le suivre.

« Maître, je vais devoir vous laisser. On me demande...

— J'ai compris. Bonne chance à vous. »

Le motard me fit garer devant une voiture banalisée. Très poliment, un homme me demanda de le suivre. C'était le commissaire Romuald Muller, du SRPJ de Lille. Je quittais définitivement le Tour.

Au commissariat de Cholet, je me soumis à la procédure d'usage : déclaration d'identité, visite médicale puis un plateau-repas. Puisque l'affaire relevait des stupéfiants, la garde à vue promettait d'être éprouvante, quatre-vingt-seize heures, avec présence d'un avocat seulement à partir de la soixante-douzième. Mais on ne me mit pas tout de suite la pression que je redoutais ; deux des hommes de Muller me posaient des questions d'ordre général pendant que ce dernier faisait la navette — Éric Rijckaert venait à son tour d'être appréhendé à l'hôtel Atlantel et se trouvait dans un bureau voisin.

Vers 23 heures, je fus conduit dans une cellule très sommaire. Je passai une sale nuit, et pas seulement en raison de la planche de bois qui faisait office de lit. L'interrogatoire reprit le lendemain matin. Là les questions se firent plus pressantes. Je savais pertinemment qu'ils allaient me coincer tôt ou tard. Je mens très mal et la fatigue commençait à m'engourdir. Le temps jouait pour eux. Ce n'est qu'en début d'après-midi, quand on me mit sous les yeux les procès-verbaux de Willy Voet et d'Éric Rijckaert qui reconnaissaient en grande partie les faits, que je me libérai de ce poids trop lourd. Le sentant, car je devais transpirer, ils s'étaient rapprochés doucement de moi. Comme une grâce, je demandai alors à passer deux coups de fil. Ils acceptèrent, sachant bien que ces deux conversations brèves allaient aider à ma délivrance.

« Maître, on me demande de dire la vérité...

— Écoutez, dites ce que vous avez sur le cœur, c'est ce que vous avez de mieux à faire. »

Puis, je téléphonai à mon épouse.

« Gwénhaëlle ? Oui, c'est moi. Non, je ne vais pas très bien. Et je crois que je vais...

— Oui, dis tout, ça vaut mieux pour tout le monde. »

Elle me passa alors mon jeune fils :

« Valentin, tu ne vas pas me revoir avant quelques jours mais ne t'inquiète pas : tout va bien. »

J'avais fait le tour, j'étais prêt. J'ai alors craqué comme un barrage qui lâche ses eaux. Je répondis cette fois sans fard aux questions qui s'enchaînaient.

Remis en cellule, j'étais tout à la fois épuisé, soulagé, effondré. Tout un pan de ma vie s'écroulait. La vérité me purifiait mais j'avais pourtant l'impression d'être sale, d'avoir sali ma famille, mon nom, mon père. Mon miroir se brisait et je brisais les leurs. Je me sentais tellement petit, minable, dépouillé de toute dignité. Mon seul souci était alors de préserver les coureurs, ils avaient droit à leur Tour, et je m'en étais ouvert au commissaire Muller.

« Ne vous inquiétez pas. Ce n'est pas nous qui allons arrêter les coureurs de l'équipe Festina. On ne les interrogera qu'à la fin du Tour. »

Quelqu'un d'autre allait en effet s'en charger.

Le lendemain matin, le 17 juillet, j'étais transféré dans une Peugeot 306 à Lille pour être présenté au juge d'instruction Patrick Keil. Nous avions évité la meute des journalistes en sortant par une porte dérobée avant de partager un sandwich sur l'autoroute avec le commissaire Muller et son collègue. Un type bien, ce Muller. Mais au péage de Senlis, une moto nous attendait. À l'arrière, un photographe tentait de me photographier sous tous les angles alors que le pilote de la voiture l'en dissuadait à coups de volant à près de 150 km/heure !

« Ce n'est pas que pour vous, m'avoua l'inspecteur au volant. Je mène des enquêtes, je commence à être connu et je ne tiens pas à ce que ma photo apparaisse partout, vous comprenez ? »

Enfoui sous une veste, je comprenais.

Je me suis retrouvé au dixième étage du tribunal de Lille où le juge Keil m'a signifié ma mise en détention. Lors d'un bref conciliabule avec le magistrat, Muller intervint en ma faveur : la prison, c'était sévère ; la vieillotte maison d'arrêt d'Arras suffirait amplement.

J'ai séjourné onze jours dans dix-huit mètres carrés au premier étage de la « 8A », entre des lits superposés, un lavabo, des toilettes séparées par une cloison, une table pour les repas et deux autres incarcérés, des « pointeurs ». C'est ainsi que sont surnommés les violeurs dans le milieu carcéral, les plus exposés à l'agression des autres détenus mais qui furent d'une courtoisie exemplaire à mon égard.

« Compte tenu de votre personnalité et de votre trajectoire, c'est l'endroit où vous serez le mieux protégé », m'avait assuré le directeur de l'établissement.

Il avait vu juste. L'un avait plus de soixante ans, l'autre une cinquantaine, tous deux attendaient leur jugement depuis des années.

Onze jours d'enfermement, c'est horrible pour un claustrophobe comme moi. Je rasais les murs même si une fenêtre striée de barreaux donnait sur un talus bordé de platanes. Le directeur de l'établissement m'avait en effet déconseillé de mettre le nez à la lumière : des photographes rôdaient tout autour de la maison d'arrêt. Ils sont restés trois jours prisonniers dehors pour tenter de voler un cliché.

Onze jours à chercher mes mots, à raturer des lettres pour ma femme, mes parents, mes beaux-parents, mes frères et mes sœurs, leur demandant pardon pour toute la honte que j'avais jetée sur eux. Onze jours à tuer pour essayer de vivre, onze jours à ne chercher qu'à fuir cet espace confiné, à suer dans une salle de musculation, à coller des petits drapeaux sur des socles en plastique comme autant de gadgets publicitaires. Onze jours à lire d'un esprit encombré *La Voix du Nord* et des romans... d'évasion, à supporter le Tour de France à la télévision puisque mes compagnons tenaient à le regarder, non sans incrédulité ; et onze nuits à vivre ma propre dégradation, mes peurs, ma transformation, à réprimer des sanglots dans une douleur muette, une fois plongé dans l'obscurité oppressante des murs silencieux. Un soir même, peu avant ma libération, une crise d'angoisse me cloua sur le lit : je voyais des flammes partout, les flammes de l'enfer. Je n'en sortirais pas vivant. Les matons n'auraient pas suffisamment de temps pour ouvrir toutes les portes. Pris de panique, je réveillai mes deux voisins.

« On va tous cramer s'il y a le feu là-dedans... »

La veille, lors d'une deuxième confrontation, Éric Rijckaert était revenu sur ses aveux. L'enfer commençait à se refermer sur lui...

En fait, le jour perçait à travers l'épaisse noirceur de mon autodestruction. Au terme de cette même confrontation, Me Thibault de Montbrial avait obtenu du juge Keil ma prochaine remise en liberté au prix d'une démonstration si brillante qu'un des inspecteurs qui y assistait lui demanda sa carte de visite à la sortie...

Jusqu'alors, les seuls rayons de soleil réconfortants

étaient les droits de visite accordés à ma femme. Cinq au total, le premier après quatre jours d'emprisonnement. Quelle femme... Bien sûr, lors de notre premier face-à-face, mon regard ne put d'abord supporter le sien. Je le redoutais et pourtant, je n'espérais plus que lui. Le box s'appelait parloir mais nous étions pourtant restés silencieux, nous touchant seulement du bout des doigts. C'est son tempérament qui me montra l'issue de secours. Elle n'a jamais cessé de me soutenir, de trouver les mots, les sourires qui pouvaient me réconforter quand bien même elle me confia tête basse une horreur : sur le bateau qui les ramenait d'Angleterre, Elena et Valentin étaient tombés en effroi devant le kiosque à journaux. La tête de leur père s'affichait en première page de *France-Soir*. En ce 18 juillet, j'étais Mesrine, Carlos ou un tueur en série. On n'imagine pas le traumatisme qu'ils ont éprouvé, ni les sarcasmes subis dans les cours d'école.

Je suis sorti de la maison d'arrêt le 28 juillet au matin, avec mes comprimés d'anxiolytiques et une dizaine de kilos en moins. Thibault de Montbrial attendait pour m'amener en voiture à Paris où je rejoignis Gwénhaëlle. Mon oncle André nous avait laissé son appartement pour nos retrouvailles. Nous avons déambulé des heures tout en grignotant. J'avais trop besoin de marcher, de respirer, de ne plus voir un mur devant moi.

Le lendemain, nous sommes revenus en Bretagne prendre les enfants pour partir loin de tout, dans un village des Pyrénées, au pied du Soulor, chez mon ami

Freddy. Quinze jours à reprendre un peu de temps au temps, comme un handicapé qui réapprend à marcher.

Je suis finalement resté près d'un an à l'écart du monde dans lequel j'avais vécu pendant huit ans. J'avais changé mes numéros de téléphone, je refusais toutes les demandes d'interview pour me consacrer à retaper une maison de grand-mère. À démolir d'abord, avant de remonter pièce par pièce. Jouer de la masse m'avait défoulé, mais le temps de la reconstruction était venu. Un peu comme avec le cyclisme. C'est peut-être pour cela que j'ai accepté la main tendue par Claude Jégat me proposant de travailler dans la promotion immobilière. J'avais pris conscience que certaines fondations reposaient sur des sables mouvants, que des grands architectes érigeaient sur leur sentiment d'immunité un empire décadent, que l'heure d'écrire un livre avait peut-être sonné.

4

La société du Tour de France

« Le vice est consubstantiel à la pratique du cyclisme de haut niveau. » La phrase n'est pas sortie de la bouche d'un repenti. Elle a été prononcée par Jean-Marie Leblanc, directeur général du Tour depuis 1989 dans le livre paru sous forme d'entretien qui lui a été consacré[1].

Si l'on s'en tient aux définitions du vice dans *Le Petit Robert*, les significations sont sans ambiguïté : « Disposition habituelle au mal, conduite qui en résulte ; dérèglement de la conduite (notamment : jeux, drogue et vie sexuelle) ; mauvais penchant, défaut grave que réprouve la morale ; habitude morbide qui donne du plaisir ; imperfection grave qui rend une personne, une chose plus ou moins impropre à sa destination. » Quant à l'interprétation du vice, elle peut être large mais convergente. Jean-Jacques Rousseau écrivait que « le chemin du vice est la lâcheté ». Pour sa part, La

1. Jean-Marie Leblanc, *Jean-Marie Leblanc, gardien du Tour de France*, Cristel, 1999.

Rochefoucauld convenait que « l'hypocrisie est l'hommage que le vice rend à la vertu ».

Toute ressemblance avec des personnes ayant existé n'est donc pas fortuite. Trop heureux d'être le personnage central d'un livre, le patron du Tour y reconnaît dans sa bonhomie tout en rondeurs quelques « faiblesses » personnelles.

Page 40, il admet tacitement sa connaissance des mafias car il y fut confronté lors d'un critérium disputé à Boulogne-sur-Mer en 1966. Mario Cotti, le célèbre speaker et prédécesseur de Daniel Mangeas, lui avait « sucré » une prime qui lui revenait de droit, alors qu'il évoluait en amateur à l'US Dunkerque. « Deux cent mille francs anciens [...] je pense que Cotti était en cheville avec les pros [...] Je ne lui en ai jamais voulu... » Il acceptait donc cette forme de loi du plus fort. Et du silence.

Pages 81 et 82, il dresse un éloge solennel à l'égard de Daniel Baal, le président de la FFC. « Je lui témoigne mon admiration. » Héraut de la lutte antidopage, « il a couru le risque de déplaire. Il a préféré ses convictions à des ambitions qui lui étaient légitimes. Je lui tire mon chapeau. » N'aurait-il donc pas agi pareillement ?

Pages 85 et 86, Jean-Marie Leblanc est invité à parler des coureurs qui « fourguaient » des courses... « Je n'étais pas choqué. Ce sont des choses qui se font. » Puis il se lâche finalement et évoque une histoire vécue. « Dans mon cas [...], c'était avec Roger De Vlaeminck en 1971, lors des Quatre Jours de Dunkerque qu'il a remportés. Il m'a demandé un coup de main pour assurer sa victoire [...] J'ai roulé pour lui, lequel m'a payé l'équivalent de mille francs, ce qui était une belle somme parce que je gagnais trois mille francs à l'époque. » Dans le ton comme dans les mots employés, la tricherie, c'en était une, semble alors... monnaie courante. Et, sans doute, la prescription atténue-t-elle la faute.

Page 101, est évoqué le passage écrit par Jacques Goddet, son prédécesseur aux destinées du Tour, dans son livre *L'Équipée belle* où il regrettera qu'Eddy Merckx ait utilisé de la cortisone pour finir sa carrière... « J'ai été très étonné qu'il l'écrive. J'ai la certitude qu'on n'a pas le droit de remettre en cause une carrière, un palmarès et un comportement qui ont été majestueux... » Lance Armstrong appréciera.

Page 185, sa vision prophétique du sport ne plaide pas en... sa faveur : « Si on continue à professionnaliser le sport, il va cesser d'être un sport. Il va devenir un spectacle de plus en plus riche, c'est-à-dire un produit commercial joué par des acteurs de plus en plus médicalisés et prêts à tout pour réussir à gagner de l'argent. » Il répugne pourtant un peu plus loin, page 241, à épouser le sentiment prémonitoire de Pierre Chany, le grand éditorialiste de la rubrique cyclisme de *L'Équipe* aujourd'hui disparu, dont les derniers mots qu'on lui prêta avant qu'il ne sombre dans le coma furent : « Le dopage va tuer le cyclisme. » « S'il m'entend, qu'il sache qu'il se trompe. C'est vrai, Pierre savait tout du cyclisme, et beaucoup de choses sur les hommes. Mais il lui manquait cette foi que j'ai dans la conscience, dans l'incommunicable, pour croire, comme moi, en l'avenir. » Cette foi qui sauve de tout, surtout lorsqu'elle habite un homme qui se déclare « parfois un peu de mauvaise foi, parfois un peu susceptible » (page 217).

Est-ce le vice, encore, qui suscita l'intervention discrète d'ASO (Amaury Sport Organisation) pour désamorcer un projet de redistribution légitime revendiqué par les équipes ?

Fin novembre 1995, les directeurs sportifs des dix premières équipes mondiales s'étaient réunis dans un salon de l'hôtel Mövenpick à Genève, en préambule de l'AIGCP, l'Association internationale des groupes cyclistes professionnels. Tous nous nous étions déplacés avec la ferme intention de débloquer enfin la situation : Manolo Saiz (Once), Walter Godefroot (Telekom), Giancarlo Ferretti (MG), Alvaro Crespi (manager de la Mapei), Francis Lafargue (Banesto), Emmanuele Bombini (Gewiss), Jean-Luc Vandebroucke (Lotto), Gian Luigi Stanga (Polti), Roger Legeay (Gan) et moi-même. Appuyés par nos sponsors respectifs, nous pesions lourd et ne voulions plus nous laisser faire. Nos qualifications automatiques pour le Tour évitaient la menace d'un retour de bâton, ce qui n'était pas le cas des autres équipes placées sous l'épée de Damoclès des invitations, ces fameuses *wild cards* distribuées arbitrairement par la STF, courant mai.

Nous étions donc solidaires et déterminés à mettre un terme à une situation archaïque et inéquitable qui arrangeait bien les organisateurs des trois grands Tours (Société du Tour de France, Unipublic pour la Vuelta, RCS pour le Giro). Tout d'abord, nous voulions sortir du carcan contractuel que nous imposaient... leurs propres contrats signés par ailleurs. Depuis des années, on réclamait d'utiliser nos supports publicitaires (bidons, musettes, voitures...) sur ces événements ; depuis des années, on nous répondait qu'une fois le contrat en cours expiré on évoquerait le sujet. Début 2001, cette même revendication fut à nouveau exposée, preuve qu'en dix ans on n'avait pas avancé d'un pouce sur la question.

L'autre point — plus important — concernait la négociation des droits de télévision. Le cyclisme est probablement le seul sport dépendant totalement d'un sponsor : pas de recettes aux guichets, pas de subventions locales ou régionales, pas de droits télévisés, peu de merchandising.

Ces droits télévisés remplissaient depuis des lustres les poches des organisateurs. Et elles seules : pas un centime n'a été reversé aux équipes, ce qui est proprement inimaginable dans d'autres disciplines professionnelles. Ainsi, France Télévision rapporte-t-elle environ 85 millions de francs par an à la STF. Il n'est pas étonnant qu'elle fasse la sourde oreille aux revendications des acteurs. Or, si la STF monte le chapiteau, les groupes sportifs amènent les artistes. Mais ces deux dernières corporations sont encore et toujours rejetées dans le partage des dividendes...

Nous nous étions adressés à Marc Biver, directeur d'IMG Suisse et mandaté par IMG Europe, filiale de McCormack, une multinationale de marketing et de management du sport. On souhaitait en effet être accompagnés d'un professionnel dans notre négociation.

Nous nous sommes quittés sur un accord de principe, sachant qu'IMG prendrait une commission de 30 % sur les montants obtenus. Dans l'après-midi, Marc Biver prit contact avec Ian Todd, le directeur d'IMG Europe à Londres, pour lui faire part des discussions. Ian Todd donna le feu vert. Marc Biver n'avait plus qu'à fixer une nouvelle date de réunion de travail pour établir le montant de nos revendications, calquées en partie sur ce qui était pratiqué dans le football.

Le lendemain matin, Marc Biver me téléphona. Au bout du fil, son filet de voix ne pouvait masquer son profond dépit.

« Écoute, je suis très, très déçu. Le projet ne va pas aboutir. J'ai reçu un fax de Todd qui arrête tout. »

Interloqué, je lui en demandai lecture. Todd expliquait : « Pour conflits d'intérêt, nous sommes dans l'obligation de renoncer à défendre votre position », sans motiver davantage son revirement.

Pourquoi, en l'espace d'une journée, IMG Europe avait-il dû faire marche arrière ? Qui avait mis la pression pour faire avorter le projet ?

J'appris un peu plus tard les raisons de cet échec. La Société du Tour de France avait été informée de nos revendications dans les minutes qui suivirent la réunion de Genève. Quelqu'un du groupe avait éventé le projet. Une taupe. Vu les affinités des uns et des autres avec Jean-Marie Leblanc, il n'était pas trop difficile de la localiser. Une fois mise au courant, la STF en avait averti Jean-Claude Killy. Ce dernier, qui avait effectué une bonne partie de sa carrière professionnelle chez McCormack, usa de son influence pour faire avorter le projet. Mettant le marché entre les mains de Todd, il lui fit comprendre que s'il s'engageait sur ce terrain, leur collaboration serait remise en cause.

En un coup de fil, nos revendications étaient bâillonnées. Ce coup de massue anesthésia notre combativité. Aucune autre démarche ne fut engagée auprès d'un quelconque groupe de marketing sportif tel qu'ISL.

Cinq ans plus tard, le sujet fut remis sur le tapis, cette fois à l'occasion du départ du Tour d'Italie 2000. Directeurs sportifs et coureurs avaient entamé un bras de fer avec l'organisateur italien. Mais faute d'une détermination collégiale, les revendications furent tuées dans l'œuf. Les grands ordonnateurs du cyclisme ont encore de beaux jours devant eux.

Est-ce encore et toujours un vice insidieux qui encouragea la STF à jouer les apprentis pompiers quand l'incendie commença à ravager la grande maison ?

Le 10 juillet 1998, alors que la présentation officielle des équipes touchait à sa fin, Jean-François Pescheux vint à ma rencontre. Le directeur sportif de la STF avait sa mine des mauvais jours.

« Jean-Marie voudrait te voir avec Jean-Claude Killy demain matin à leur hôtel. 7 heures, ça te va ? »

En pénétrant dans le Burlington Hotel, sur Upper Leeson Street, en ce samedi matin chagrin, j'aperçus quelques têtes familières dans la salle du petit déjeuner. Des commissaires de course et quelques auxiliaires de la STF s'activaient déjà autour des buffets. Jean-François Pescheux m'attendait dans le hall. Une poignée de main, et nous voilà dans l'ascenseur, direction le sommet de l'établissement, une suite plus précisément. C'est Jean-Marie Leblanc qui ouvre la porte. L'accueil est sobre, le visage fermé. Il me conduit dans un petit bureau où Jean-Claude Killy nous rejoint très vite. La pièce est charmante, joliment décorée, mais l'ambiance est feutrée, presque lourde.

« Bonjour, Bruno. »

On se retrouve alors tous les trois assis autour d'une table ronde et d'un café chaud. Juste le temps de tremper sa cuillère et Jean-Claude Killy prend la main :

« Alors, Bruno, qu'est-ce qui se passe ? On a entendu parler d'une voiture Festina qui se serait fait appréhender...

— Je n'en sais pas plus que vous. Sinon qu'une de nos voitures s'est fait arrêter à la frontière franco-belge et que Willy en était le chauffeur. Mais je n'ai aucune info. À la limite, les journalistes en savent plus que moi. »

Alors, Jean-Claude Killy met les pieds dans le plat :

« Merde, Bruno, mais pourquoi ne nous as-tu pas prévenus avant ?

— Mais... je n'ai aucune idée de la quantité des produits interceptés. Et puis, je pensais que Willy finirait bien par nous rejoindre. Avec un jour, deux jours, ou même trois jours de retard. »

Jean-Marie Leblanc joue avec sa tasse. Les regards se croisent.

En mon for intérieur, je reste pourtant scotché par l'intervention de Killy. Qu'avait-il voulu dire par « prévenir avant » ? Qu'est-ce que cela aurait pu changer ?

« Bien, reprend Killy, et maintenant, question communication, qu'est-ce qu'on fait ? »

D'un commun accord, il est décidé de calmer le jeu, de s'en tenir au minimum. Et chacun d'avancer des suggestions : une voiture manque, Willy Voet est absent, la nature des produits saisis est inconnue, il est imprudent encore de parler de dopage, les coureurs n'étaient peut-être pas les destinataires...

L'entretien dura une bonne demi-heure. Il fallait limiter la casse, minimiser les faits, désamorcer la bombe pour sauver le Tour. Ce qui fut fait, non sans gêne pour ma part. J'allais mentir et pas plus tard qu'en tout début d'après-midi, à l'occasion d'une émission télévisée animée par Jean-René Godart avec pour invités Marie-George Buffet, Jean-Claude Killy, Jean-Marie Leblanc et moi-même. Le trio de circonstance que nous formions joua le jeu.

Killy aussi avec un peu plus d'aplomb, le lendemain midi, lors de son passage à l'antenne sur France 2. Interrogé par Gérard Holtz dans une décapotable, le patron d'ASO parla d'une « péripétie » tout en appelant à la tenue d'états généraux du cyclisme. Comme aurait dit Coluche : « T'aurais vu la gueule de la péripétie... » Et personne n'a jamais vu la gueule des états généraux.

Est-ce le vice, version Jean-Jacques Rousseau, qui, en décembre 1998, poussa Jean-Marie Leblanc à téléphoner à plusieurs équipes et sponsors, dont Festina ? À l'époque, rappelez-vous, Richard Virenque — chômeur à sept cent mille francs par mois et grand ami de Jean-Claude Killy qui l'aida personnellement à trouver son petit nid en Suisse — faisait pleurer la France entière. Son entourage lui prêtait l'intention d'abandonner la compétition. Deux mois plus tard, Franco Polti le sauvait d'une noyade dans ses propres larmes. Mais dans l'intervalle, le directeur général du Tour s'était mouillé.

« Ce serait bien que vous repreniez Virenque. Il ne faudrait pas qu'il reste sur le carreau. »

Ce à quoi son interlocuteur répondit :

« Mais nous avons notre ligne de conduite. S'il

n'avoue pas, pas question de le réintégrer. En plus, en octobre 2000, lors de la présentation officielle du Tour 1999, vous avez vous-même annoncé qu'il était *persona non grata* sur le prochain Tour.

— Écoutez, ce n'est pas un problème. On trouvera une solution. Il sera au départ du Tour. »

Il le fut. Au prix d'une rocambolesque passe d'armes, ou supposée telle, entre la STF, qui prit la décision d'exclure Richard Virenque et Manolo Saiz le 16 juin 1999, et l'Union cycliste internationale, qui réhabilita tout ce petit monde treize jours plus tard.

Le camouflet aurait pu être très mal vécu par la grande organisation. Pourtant, quelques jours plus tard, Jean-Marie Leblanc et Hein Verbruggen étaient vus ensemble au petit jour en train de faire un footing...

Cette hypocrisie façon La Rochefoucauld, cette lâcheté selon Rousseau ont été notifiées par un homme de loi. Cet homme s'appelle Daniel Delegove. Vice-président du tribunal de grande instance de Lille, c'est lui qui a présidé les débats de la 7e chambre correctionnelle où s'est déroulé ce qu'on a appelé le procès Festina, du 23 octobre au 7 novembre 2000.

Lorsqu'il ouvre l'audience, Daniel Delegove a derrière lui vingt-sept mois de procédures et 5 800 pages d'instruction conduites sous l'autorité du juge Patrick Keil. Devant lui, se présentent neuf prévenus — le cas du dixième, Éric Rijckaert, a été disjoint pour maladie grave —, vingt-trois avocats, cent quatre-vingts journalistes, et neuf organismes qui se sont portés partie civile. Parmi eux, la Société du Tour de France, défendue par Fabienne Fajgenbaum.

C'est au huitième jour d'un procès usant que Jean-Marie Leblanc apparaît à la barre. Au contraire de MM. Baal et Verbruggen qui ont été passés à la moulinette la veille, le patron du Tour ne sera interrogé que le temps d'un match de football. Le président du tribunal ne le pousse guère dans ses retranchements. Leblanc en est même surpris. Membre du sérail professionnel et acteur de multiples commissions nationales ou internationales, il confie à un journaliste qu'il s'était « préparé pour répondre sur ces points ».

Ancien coureur professionnel, ancien président du syndicat des coureurs, ancien journaliste à *L'Équipe* et maintenant à la tête de la plus grande course du monde, Leblanc en a vu de belles. Mais il joue l'ingénuité, confinant même au toupet. Le pot belge ? « Je n'ai appris son existence que pendant ce procès. » Les classements sont faussés par le dopage ? « Oui, mais pas totalement. » Vous êtes-vous un jour dopé ? « Je réponds non. Jamais je ne me suis vu proposer des produits dopants à l'époque. » L'assistance tousse, des clins d'œil s'échangent, mais le problème n'est pas là. Et de reconnaître entre les lignes que sa mission est celle d'un patron d'entreprise juteuse : « Si j'avais arrêté le Tour en 1998, le cyclisme ne s'en serait jamais remis. » Sous-entendu, la STF aurait mal vécu la chose. D'ailleurs, Me Gilbert Collard, qui n'avait aucune raison d'asticoter la Société du Tour de France puisqu'il se rangeait lui aussi sur le banc des parties civiles avec ses clients Brochard et Hervé, eut la phrase dérangeante : « Le Tour a une morale ambiguë. D'un côté, un alibi idéaliste avec une légende signée Albert Londres, Joseph Kessel ou Antoine Blondin qui donne l'impression que les anges ont des ailes. De l'autre, un alibi financier où l'on retrouve les organisateurs, les sponsors et la télévision. »

Qu'importe le flacon... Jean-Marie Leblanc se lance dans des phrases démagogiques et passe-partout qui ne mangent pas de pain, du genre : « La minorité doit devenir la majorité » en évoquant les coureurs dopés, ou bien encore : « J'ai la faiblesse de croire que le sport n'est pas aussi formaté que ça par l'apport de produits chimiques. »

La faiblesse de croire... C'est souvent par cette tournure de phrase que le patron du Tour clame sa foi en des jours meilleurs. Dans le numéro de mars-avril 2000 de *Sport et Vie*, Jean-Marie Leblanc navigue entre subtilité de langage et cynisme. Concernant un cyclisme à deux vitesses, il répond : « Ma conviction était que non. Avec le recul, on me dit que oui. » Sur le handicap avéré des coureurs français : « Est-ce dû aux mesures antidopage ou à un problème structurel ? J'ai la faiblesse de pencher pour la seconde hypothèse. » Mais surtout, à la question de savoir s'il préférerait que son petit-fils ressemble à Christophe Bassons ou à Lance Armstrong, Leblanc a la repartie enfin sincère : « Je souhaiterais qu'il ne fasse pas de vélo. Tout simplement parce que c'est un sport dangereux. Tous azimuts. »

Le lendemain de son audition, *Libération* parlait « du bal des faux culs qui continue », mais ça ne gênait personne. En fait, si. Daniel Delegove a beau avoir été bienveillant, son exposé du jugement rendu le 22 décembre 2000 n'épargnera pas l'organisation française. Dans un langage policé de magistrat impartial et indépendant, sa clairvoyance n'en est pas moins cinglante. Dans un jugement comprenant cent huit pages, la STF est plusieurs fois épinglée. Pages 81 et 82 : « *Jean-Marie Leblanc [...] a pourtant exprimé la croyance que les courses cyclistes peuvent avoir des vainqueurs acceptables. Cette croyance a-t-elle été facilitée par l'importance des enjeux pécuniaires dans le cyclisme professionnel ? La chose n'est pas impossible car, chaque année, les droits télévisés générés par la retransmission du Tour de France et qui alimentent les recettes de la STF s'élèvent à soixante millions de francs tandis que la société mère refuse, manquant ainsi à son obligation légale, de faire connaître ses bénéfices. Sans se référer à cette donnée financière, il serait vraiment difficile de comprendre pourquoi, suivant un principe auquel il n'a voulu envisager aucune exception, Jean-Marie Leblanc s'est déclaré opposé avec force à tout moratoire à la suspension des épreuves cyclistes au point d'assurer que, même sachant tout ce qu'il sait aujourd'hui, il ferait encore tout, si les choses étaient à refaire, pour que, coûte que coûte, le Tour de France de 1998 aille à son terme.* »

Plus loin, page 85, Daniel Delegove écrit que « *[la FFC ne saurait] pas davantage que les organisateurs de course comme la Société du Tour de France, se tenir complètement en dehors de l'action contre le dopage car il en va sans conteste de la loyauté des compétitions que l'une et l'autre mettent sur pied* ».

Enfin, les attendus du jugement, rédigés pages 99 et 100, sont sans complaisance.

« *Attendu que le directeur général de la Société du Tour de France [...] était tout particulièrement bien placé pour appréhender la réalité du dopage ; qu'en effet, ancien coureur cycliste, Jean-Marie Leblanc n'ignorait pas le caractère endémique du phénomène depuis plus de trois décennies au moins ; que le métier de journaliste qu'il a exercé avant d'être embauché par la STF lui a donné l'occasion et les moyens de mieux le connaître ;*

« Qu'il se trouve, enfin, que signataire en octobre 1996 des courriers adressés au président de l'UCI et au ministre des Sports français, il savait bien que, "véritable tentation professionnelle", le dopage "avait fait tache d'huile" ;

« Que, néanmoins, plus soucieux d'appliquer le principe de précaution lorsqu'il est question de la réputation des vainqueurs du Tour de France qu'il estime injustement attaqués comme Lance Armstrong qu'en matière de risques sanitaires encourus par les coureurs du Tour de France, il s'est fait un principe de ne jamais remettre en cause le déroulement de celui-ci ; que tel a été le cas, par exemple en 1997 et 1998, alors que dans les courriers d'octobre 1996, il admettait la très grande extension du dopage. »

Enfin, la conclusion du compte rendu, qui déboutait la STF réclamant son franc de dommages et intérêts, vaut son pesant de rhétorique : « *Qu'ayant ainsi accepté que ces épreuves se déroulent, nonobstant cette extension, il ne peut à bon droit invoquer la réparation d'un préjudice qu'il a laissé se produire puisque, sans changement véritable de la donne après 1996, il ne pouvait supposer, sauf exceptionnelle naïveté qui ne saurait lui être prêtée, que le dopage allait s'arrêter de lui-même.* »

La plainte déposée fut déclarée irrecevable. Même le franc symbolique ne fut pas accordé. Outrée, la STF aurait alors pu faire appel du jugement, mais comme l'expliqua Jean-Marie Leblanc dans le même numéro de *Sport et Vie* cité plus haut, « faire appel serait encore remuer le passé ». En effet, ça suffisait comme ça.

Durant son audition, Jean-Marie Leblanc avait clairement fait connaître la position de la STF. « En tant qu'organisateurs, notre concours à la lutte antidopage n'est que pratique. Nous mettons au service des institutions sportives toutes les conditions pour réaliser les contrôles. » En clair, toute la batterie des mesures antidopage n'est pas de notre ressort. Or, trois mois plus tard, qui monta au créneau pour faire connaître un plan antidopage ? La STF bien sûr. Je vais y venir.

Est-ce encore un vice caché qui encourage la STF à ne dépasser la barre des cinquante employés (donc pas de comité d'entreprise), ou à ne pas dévoiler ses comptes d'exploitation comme le rapporte un livre scrupuleux[1] paru en octobre 2000 ? « Tout ce qui touche à l'argent du Tour est secret. Du moins depuis 1992. C'est cette année-là que l'épreuve a pris un virage décisif, lorsqu'elle a été rachetée par la société ASO [Amaury Sport Organisation]. ASO, une filiale dirigée par Jean-Claude Killy [...] Comme par hasard, ainsi que l'a révélé *Le Canard enchaîné* en novembre 1998, c'est depuis 1992 que la STF refuse systématiquement d'afficher ses comptes et de les déposer au greffe du tribunal de commerce de Nanterre, en contravention avec les dispositions du décret du 23 mars 1967. Une infraction réprimée par une modeste contravention [...] de dix mille francs par an, et de vingt mille francs en cas de récidive, ce qui est le cas de la STF. »

1. Fabrice Lhomme, *Le Procès du Tour*, *op.cit.*

Les secrets sont bien gardés. On sait toutefois que si le chiffre d'affaires de la STF était de 90 millions de francs en 1989, il passait la barre des 260 millions neuf ans plus tard, dont 80 % destinés au Tour ! 14 % de ce budget provenaient des villes-étapes (36 millions de francs), 30 % des droits télévisés (78 millions) et... 56 % des sponsors privés (145 millions). Ces sponsors se répartissent toujours en trois : le « Club Tour de France » qui regroupe quatre sponsors majeurs (Champion, Coca-Cola, Crédit Lyonnais et Fiat) pour la coquette somme annuelle de trente à trente-cinq millions de francs chacun ; les « partenaires officiels », sept au total, qui versent entre trois et sept millions de francs chacun ; puis les « fournisseurs officiels », au nombre de neuf, qui investissent entre un et trois millions de francs selon leur engagement.

On comprend dès lors un peu mieux l'inquiétude ambiante quand certains grands parrains (Coca-Cola, Crédit Lyonnais et Fiat notamment) ont fait savoir en ce début d'année qu'ils allaient désormais être un peu plus regardants. D'habitude peu enclins aux déclarations incisives, les directeurs de communication des grosses sociétés se sont bien fait comprendre à travers une presse pertinente et indépendante, *Libération*, *Le Monde* et *Le Journal du Dimanche* notamment. Ainsi, Nicolas Chaîne, du Crédit Lyonnais, sponsor depuis plus de vingt ans, expliquait que « lors des Tours 1999 et 2000, on nous a menti et je me demande vraiment si la lutte antidopage est possible [...] Nous sommes sous contrat jusqu'en 2003 mais si l'édition 2001 se déroule comme les deux précédentes, il est hors de question que nous poursuivions. Or, j'ai du mal à croire que les choses puissent changer d'ici là. Si tous les sports sont atteints par le dopage, ce n'est pas parce que le public ne nous en tient pas rigueur que nous devons être cyniques jusqu'au bout. À tout prendre, je préfère parrainer la rénovation de lycées pourris en banlieue. Je me sentirais plus fier et plus utile. »

De son côté, sentant le vent tourner, le géant d'Atlanta Coca-Cola a décidé de réduire sa quote-part, de trente millions à six millions de francs.

Pour sa part, Jean Rol-Tanguy, parlant au nom de Fiat, associé depuis 1988 au Tour, laissait lui aussi parler son scepticisme : « Tout ce qui se dit aujourd'hui sur le dopage et sur l'absence de vraies solutions apportées par la Société du Tour finira par nous décourager. Nous nous donnons encore un an et puis nous verrons. Nous avons le sentiment que la Société du Tour de France se contente de déclarations tonitruantes sur le dopage mais que les actions ne suivent pas. »

L'avertissement lancé par trois des plus gros parrains du Tour fut pris très au sérieux. Qu'à cela ne tienne : trois mois plus tard, le 5 avril 2001, la presse était conviée à prendre note du plan de bataille antidopage établi par la STF. Une véritable révolution...

Ça sonnait pourtant bien : la chasse au grand démon se décline en dix points. Seulement, ça commence mal : les trois premiers relèvent de l'éthique et de la morale, des termes obsolètes dans ce milieu. Même Daniel Baal, alors président de la FFC, avait déclaré : « L'éthique, je n'y crois plus », lors du procès Festina tenu à Lille cinq mois plus tôt. Les points 4, 5 et 7 ne sont qu'un rappel personnalisé de moyens déjà mis en œuvre et dont on connaît les limites. Le point 6, qui évoque la détection de l'EPO, est malheureusement parcellaire. La faute n'en revient pas à la STF, mais qu'elle ne s'en gargarise pas : le dépistage ne peut remonter au mieux que sur quatre jours (et pour qui connaît les rites calendaires des tricheurs, autant pisser dans un violon) et ils ne peuvent prendre en compte d'autres moyens désormais en vogue, comme l'EPO-Like, autre molécule de synthèse qui ne fait pas monter le taux d'hématocrite.

Quant aux points 9, axé sur la sensibilisation, et 10, relatif à une campagne de prévention, ils ramènent au constat de démagogie dressé plus haut par le porte-parole de Fiat.

Au bout du compte, un seul point, le 8, est à retenir : le partenariat avec le CNRS qui traduit la volonté d'une implication scientifique.

Comme l'avait fait savoir en public Xavier Jan, un coureur de La Française des Jeux, le lendemain de cette opération, « ça ne fait pas bezef ». Un autre professionnel, Carlos da Cruz, avait également fait part de son sentiment dans la presse : « Seule la peur du gendarme peut avoir un effet. »

D'ailleurs, les médias en général ne s'y sont pas trompés, l'initiative ne suscitant qu'une réaction mollassonne ou de circonstance (*L'Équipe*). Ce qui eut le don d'irriter les sbires de la STF, persuadés de convaincre en lançant au feu un nouveau pompier, Patrice Clerc, successeur de Jean-Claude Killy à la présidence d'ASO. Jean-Marie Leblanc s'était d'ailleurs tenu à l'écart, volontairement ou pas, des mesures explicitées par l'ancien directeur de Roland-Garros — le tennis, il est vrai, a montré l'exemple en la matière...

Les vainqueurs du Tour de France ayant contrevenu à la réglementation antidopage[1]

Quatorze vainqueurs du Tour de France de l'après-guerre ont été mêlés à des affaires de dopage au cours de leur carrière… Quelles que soient les circonstances, ils ont tous été concernés, d'une manière ou d'une autre, par le dopage… Mais les instances en sont obstinément persuadées : le Tour, on peut le gagner « à l'eau claire ».

Année des faits	Noms	Prénoms	Victoires au TdF	Circonstances	Références
1999	Pantani	Marco	1	Condamné	Milan-Turin 1995 (trois mois avec sursis par justice italienne en 2000), et mis hors-course Tour d'Italie 1999 (hématocrite).
1994	Indurain	Miguel	5	Positif	Tour de l'Oise 1994, loi Bambuck (puis blanchi pour justification thérapeutique a posteriori).
1988	Delgado	Pedro	1		Le probénécide (produit masquant), interdit CIO, mais pas encore UCI, le sera 15 jours après le Tour de France.
1987	Fignon	Laurent	2	Positif	Grand Prix de Wallonie 1987 et Prix de Libération 1989.
1977	Ocana	Luis	1	Positif	Tour de France 1977 (18e étape).
1977	Thévenet	Bernard	2	Positif	Paris-Nice 1977, et aveux usage de cortisone (presse).
1977	Zoetemelk	Joop	1	Positif	Tour de France 1977 (15e étape), Tour de France 1979, Tour de France 1983.
1975	Gimondi	Felice	1	Positif	Tour de France 1975 (15e étape) et Tour d'Italie 1968 (amphétamines).
1970	Pingeon	Roger	1	Positif	Quatre Jours de Dunkerque 1970 et Tour de Flandres 1971 et aveux publics (presse).
1969	Aimar	Lucien	1	Positif	Critérium International 1973 (et carence Critérium national 1969).
1969	Jansen	Jan	1	Aveux	Constat de carence et aveux : Paris-Nice 1969.
1969	Merckx	Eddy	5	Positif	Tour d'Italie 1969 : amphétamines. Tour de Lombardie 1973, Flèche Wallonne 1977.
1967	Anquetil	Jacques	5	Aveux	En 1967, « Oui, je me dope », et constat de carence en 1967 et 1968.
1952	Coppi	Fausto	2	Aveux	A déclaré publiquement « Oui, je prends la Bomba » (amphétamines).

(avec le concours du docteur Jean-Pierre de Mondenard)

TdF : Tour de France

1. Avant, pendant ou après l'épreuve.

5

L'Union cycliste internationale

« Festina est un cas d'exception. » Au Mont Sainte-Anne, théâtre canadien des championnats du monde de vélo tout-terrain, Hein Verbruggen se veut catégorique. Deux mois après le scandale du Tour 1998 sur lequel il était absent (il ne s'en expliquera d'ailleurs pas), le président de l'UCI circonscrit le mal : Festina, toujours Festina, rien que Festina. La règle confirmera pourtant l'exception.

À l'inverse de Jean-Marie Leblanc, le Hollandais ne s'est pas exposé dans un livre. Trop malin. Il n'a, non plus, jamais porté les journalistes dans son cœur, surtout ceux qui ne se contentent pas de relayer le discours officiel et qu'il a qualifiés un jour d'une « certaine presse ». En revanche, il a été l'auteur de nombreuses déclarations qui, rétroactivement, font plutôt sourire.

Ainsi, en 1989, alors qu'il n'était que le président de la Fédération internationale du cyclisme professionnel, il avait fait preuve d'un franc scepticisme à l'égard du Comité international olympique dont il n'était pas encore un membre influent. « Le CIO me fait rire avec ses appels à ne pas tricher, quand on sait toute la pression qui existe sur les athlètes. S'il y a trois millions de dollars au bout de la piste, je prends un cachet pour gagner. Et 90 % des êtres humains font comme moi. »

Coïncidence prémonitoire des chiffres : interrogé dix ans plus tard sur le nombre de coureurs tombés dans la marmite du dopage, Verbruggen avait révélé : « Si 90 % des coureurs étaient dopés, je démissionnerais. » C'est pourtant la proportion qu'il avait estimée, lui compris...

Le cyclisme, le Néerlandais le connaît fort bien. En 1970, il était déjà le directeur marketing de l'équipe Flandria-Mars, celle des frères de Vlaeminck, de Zoetemelk, ou encore de Monséré. Devenu président de la Fédération internationale du cyclisme professionnel en 1989, il parviendra à faire fusionner la FICP et la FIAC (qui fédérait les amateurs) en 1990 sous l'égide de l'UCI un an plus tard. La toile de maître était posée. Ne restait plus qu'à l'étendre.

La face cachée de Verbruggen se révéla à mes yeux en 1994, lors d'un différend né l'année précédente entre la société Festina et des coureurs en rupture de contrat pour faute professionnelle au regard de leur employeur. Miguel Rodriguez avait en effet licencié cinq coureurs à majorité hollandaise et leur directeur sportif, Jan Giesbers, pour les avoir vus prêter main-forte *via* la télévision à Miguel Indurain, moyennant finance, sur le Giro 1993.

Pour Rodriguez, c'en était trop. Il ne payait pas généreusement ses employés pour se faire graisser la patte par une autre équipe espagnole...

De Barcelone, où il avait assisté béat à cette mascarade, Rodriguez avait pris immédiatement son jet privé pour rejoindre le Tour d'Italie. Le soir même, sachant qui pouvait le plus facilement passer aux aveux, il cuisina personnellement un coureur russe.

« C'est simple : soit tu me dis la vérité et je te garantis ton contrat jusqu'à la fin de l'année, mais de toute manière, tu seras viré ; soit tu te tais et tu es viré sur-le-champ sans être payé. »

Le Slave s'était vite mis à table : cent mille francs pour toute l'équipe, tel avait été l'accord conclu avec les Banesto. Aussitôt, Rodriguez convoqua les fautifs dans une chambre :

« Toi, toi, toi, toi, toi et toi, vous êtes virés. »

Quand l'honneur de son entreprise était en jeu, Rodriguez ne transigeait pas.

Seulement, non contents de s'être vendus, les incriminés allèrent dénoncer cette rupture de contrat auprès de l'UCI. Qui écouta leurs doléances avec une rare concentration. S'engagea alors un bras de fer entre l'UCI, qui demandait réparation pour les coureurs, et Festina, qui n'en démordait pas. Le dossier piétinait toujours quand l'équipe fut placée sous la responsabilité de la société Prosport, sise en Andorre et dont j'étais le gérant, au cours de l'hiver 1993-1994. Après ses déboires, Rodriguez ne voulait plus être l'employeur direct de salariés retors. Sous cette nouvelle structure juridique dont j'étais le directeur sportif, j'avais renouvelé les effectifs mais c'est à moi que s'adressa Hein Verbruggen par téléphone.

« Faut m'arranger cette histoire-là.

— Mais je ne peux rien arranger, moi. Rodriguez

considère qu'il y a eu une faute professionnelle collective et il est intransigeant là-dessus. »

Comme c'était prévisible, une tentative de conciliation échoua en février 1994 au siège administratif de l'UCI, alors situé au Luxembourg. Et ce n'est qu'à quelques jours du départ de Milan-San Remo, qui sonne l'ouverture de la saison internationale, que je reçus un ultimatum sans ambiguïté de la part de l'UCI. En substance, le courrier réfutait l'idée de séparation entre Festina et Prosport, me considérait dès lors comme son seul interlocuteur et menaçait de refuser le départ à mes coureurs à la « Primavera » si le conflit perdurait.

Il était en effet épineux pour l'UCI d'attaquer bille en tête un entrepreneur qui ne s'en laissait pas conter et dont les employés étaient assujettis au code du travail andorran. J'étais une proie bien plus facile. Pour me défendre dans cet imbroglio, j'avais contacté Me Rumo, un avocat suisse (comme l'UCI) qui avait assisté Bernard Tapie quelques mois plus tôt dans ses démêlés avec un autre pouvoir, la FIFA. Quand je me rendis chez lui à La Chaux-de-Fonds pour lui raconter mon histoire, l'avocat se fit fort de me tirer d'affaire.

« Ils n'ont pas le droit de vous faire ça. Je connais bien les mécanismes avec les fédérations internationales et je vais vous arranger ça. »

L'équipe Festina se trouvait à Nice, deux jours avant le départ de la première classique de printemps, quand la nouvelle est tombée : l'UCI nous interdisait de départ. Richard Virenque, Luc Leblanc et Pascal Lino entre autres étaient atterrés.

« Mais pourquoi doit-on payer les pots cassés ? », s'interrogeaient-ils.

Dans l'urgence, j'appelai Me Rumo qui s'adressa sur-le-champ au procureur du canton de Lausanne d'où émanait la sanction de l'UCI. La décision fut levée à titre provisoire et suspensif et c'est avec un document en bonne et due forme que j'arrivai à Milan, la veille du départ, pour assister à la réunion des directeurs sportifs. Sur place, je croisai Verbruggen à qui je présentai l'autorisation de justice.

« Mais ça, j'en ai rien à fiche. Moi, je vous interdis de courir tant que vous n'aurez pas réglé le problème. Demain, vous ne partez pas. »

Au petit matin, dans la plus grande incertitude, on décida pourtant de se rendre au départ, au pied de la flamboyante cathédrale gothique de Milan. Dans la demi-heure précédant le baisser de drapeau, j'abordai Verbruggen.

« Non, non, pas question. Vous ne partez pas.

— Mais vous êtes inconscient ? Une décision de justice a été rendue, les coureurs sont là, la presse aussi. On n'a rien à voir avec cette salade. Vous nous prenez en otage... »

Verbruggen se rembrunit.

« Revenez me voir dans un quart d'heure. »

L'autorisation nous fut finalement accordée dix minutes avant le départ. Verbruggen avait cédé. Et ça, il n'aime pas...

Pour moi, l'affaire était bouclée. On n'en entendrait plus parler... jusqu'au Tour des Flandres, quinze jours plus tard.

Ce dimanche matin-là, sur la grande place de Sint

Nicklaas où le « Ronde » était tout près de s'élancer, je discutais avec mes coureurs quand le président de l'UCI s'approcha de moi.

« Il faut que je vous parle. »

Et de m'emmener non loin de là, dans l'un des couloirs de l'hôtel de ville.

« Cette affaire a trop duré. Vous êtes la personne qui peut l'arranger. Roussel, vous savez, si vous ne vous débrouillez pas pour trouver une solution, j'ai les moyens de vous faire un coureur positif quand je veux... »

Sur le moment, j'ai reculé d'un pas. J'étais sidéré, loin d'imaginer que le président de l'UCI allait utiliser une méthode de voyou pour trouver un arrangement avec ses... compatriotes hollandais. Je bredouillai.

« Mais ce n'est pas possible... l'équipe que vous avez devant vous n'a rien à voir là-dedans... Rodriguez, personne ne peut le faire revenir en arrière quand il se sent dans son bon droit... et puis, vous ne pouvez quand même pas... »

Mais déjà, Hein Verbruggen s'éloignait. Willy Voet, qui passait non loin de là, me regardait, tout aussi atterré. Le Tour des Flandres pouvait partir.

Ce n'est que six ans et demi plus tard que cet épisode est revenu à la surface. À mon initiative, cette fois. Hein Verbruggen s'était présenté à la barre du procès Festina en tant que partie civile, au septième jour d'audience. Face au juge Daniel Delegove, les yeux dans les yeux, je lui ai demandé sa version de ce triste épisode.

« Tout cela n'est pas vrai. Je suis un peu navré d'entendre ça », murmura-t-il, manifestement gêné aux entournures.

Pourtant, un doigt s'était levé derrière lui. Willy Voet demandait la parole, elle lui fut accordée.

« J'étais là, dans le couloir, et je confirme que tout est vrai. Moi, je suis tout petit face à ces gens-là, mais c'est la réalité. »

J'avais parlé vrai. Et Verbruggen sous serment...

C'est ce même Verbruggen qui avait proposé un arrangement scabreux à Luc Leblanc en début d'année 1999. Viré comme un malpropre par son employeur italien Polti pour laisser place nette au nouveau venu Richard Virenque, l'ancien champion du monde sur route avait légitimement rué dans les brancards. Il réclamait plus de quatre millions de francs d'indemnités pour rupture abusive de contrat. L'affaire fut portée en justice, mais Verbruggen en personne tenta d'amadouer le futur ex-coureur. Et pas n'importe comment.

« Écoute, tu laisses tomber tout ça, en échange de quoi, je te propose quatre cent mille francs et un poste dans une équipe professionnelle. »

Mais Luc Leblanc était remonté. Et méfiant. Au point qu'il enregistra la conversation téléphonique dont il détient toujours la cassette. Rien de mieux pour se faire entendre.

Le président de l'UCI n'avait certainement rien à voir non plus avec celui qui imposa le silence à l'un de ses collaborateurs. En septembre 2000, en plein cœur des jeux Olympiques de Sydney, j'avais fait appel à Philippe Chevallier en tant que témoin de moralité en vue du procès Festina qui approchait. Philippe m'avait connu du temps où il courait chez RMO et son témoignage apporterait forcément de l'eau à mon moulin. Seulement, après avoir été salarié à la STF, il venait d'intégrer les cadres de l'UCI depuis quelques semaines.

« Voilà, Philippe, j'aimerais que tu viennes pour répondre du Roussel que tu as connu si d'aventure tu estimes que je suis digne d'être défendu.

— Pas de souci : je sais qui tu étais et le courant passait bien entre nous. Euh... attends : il y a un petit problème... une clause dans mon contrat m'interdit de faire des déclarations en public sans l'accord de mon employeur. »

Même en territoire suisse, je trouvais la précaution douteuse. Je l'estimais contraire à la liberté individuelle et, en y réfléchissant, elle constituait une entrave à la justice. L'employeur en question s'appelait Verbruggen, il était alors injoignable, à l'autre bout du monde.

Trois jours plus tard, Philippe Chevallier me rappela.

« Je suis désolé, Bruno, mais je n'ai pas pu obtenir l'autorisation de venir à Lille. »

Le tour de vis de l'UCI s'adresse même à ses propres employés.

Verbruggen, qui déclara pendant le procès Festina que « jamais à l'UCI la moindre affaire n'a été enterrée », a raison sur ce point. L'UCI ne les enterre pas, elle les classe.

Ce fut le cas du dossier Laurent Brochard, déclaré positif lors de sa victoire au championnat du monde 1997 à San Sebastián. Ce dossier, je le connais plutôt bien : à l'époque, Brochard était un coureur de l'équipe

Festina. Fraîchement vêtu de son maillot arc-en-ciel, le Manceau avait satisfait au traditionnel contrôle antidopage sans toutefois remettre de justificatif thérapeutique pour expliquer la présence de lidocaïne, un anesthésique interdit, dans ses urines.

Et pour cause, il ne l'avait pas. Qu'à cela ne tienne : piloté *via* le circuit fédéral, je demandai au docteur espagnol Fernando Jimenez de produire quelques jours plus tard le certificat médical en question. L'ordonnance était antidatée, et alors ?

Alors, c'est ni plus ni moins la non-application de l'article 43 des règlements antidopage de l'UCI qui stipule que tout coureur qui ne mentionne pas de conditions particulières dans le procès-verbal d'analyse le jour du contrôle sera sanctionné.

Et ce bel article 43 n'a pas été appliqué pour une raison simplissime que développa non sans aplomb le président de l'UCI lors du procès Festina : « Il ne faisait pas l'unanimité de la commission médicale lorsqu'elle en a débattu. » Circulez, y a rien à voir. Ni là, ni ailleurs.

De toute manière, comme le signifia Hein Verbruggen dans un magazine paru en mars 1999 : « Quelle différence entre un certificat délivré avant ou après le contrôle ? Même s'il est antidaté, qu'est-ce que ça change ? » Rien, surtout aux yeux de l'UCI qui adopta la même politique de l'autruche deux ans plus tard.

Car ce même cas de figure s'est présenté sur le Tour de France 1999, avec Lance Armstrong. L'Américain, en route pour sa première victoire dans le Tour, avait présenté après coup un certificat médical justifiant la prise de corticoïde, lui qui déclara pourtant quelques jours plus tôt n'avoir jamais pris une quelconque substance interdite.

« Une pommade, pour soigner une induration à la selle », avait-il alors été contraint d'expliquer.

Le coup de la pommade est aussi vieux que l'ordonnance de complaisance dans le cyclisme, mais supposons qu'il ne s'agisse pas d'une injection... Il n'empêche que le Texan avait fait usage d'un produit interdit non justifié par un certificat médical — et recherché pour la première fois sur le Tour — au moment du contrôle, comme l'exige l'article 43. Il était donc passible d'une sanction.

À deux reprises (connues), l'UCI a donc bafoué ses propres règles. Prise en flagrant délit de tricherie. D'un côté, un règlement qui n'est quand même pas fait pour les chiens ; de l'autre, une appréciation qui ne s'applique pas à deux grosses pointures...

En revanche, les incorrigibles étaient censés ne plus passer au travers lors de l'instauration des contrôles inopinés en 1997. Les coureurs n'ont toutefois pas eu besoin de se creuser longtemps les méninges pour déjouer l'obstacle : les contrôleurs médicaux leur fournissaient une échappatoire à... leur insu. Cela faisait rigoler tout le monde : quand ils débarquaient la veille d'un contrôle sur une course, ils étaient logés dans un hôtel où une équipe, voire plusieurs, avaient déjà pris quartier. Et, à l'instar des malfrats qui reniflent des policiers à des kilomètres à la ronde, ces contrôleurs, accompagnés d'une tête connue de commissaire, étaient repérés à peine descendus de leurs véhicules. C'était gros comme une maison. Presque trop gros pour n'y voir qu'une simple négligence. Dès lors, il n'y avait plus qu'à passer le mot. L'inopiné devenait programmé.

Pour avoir eu vent de la fraude, l'UCI décida par ailleurs un an plus tard de raccourcir les délais d'intervention de ses contrôleurs médicaux afin que les coureurs fautifs aient un temps de réaction insuffisant pour diminuer leur taux d'hématocrite à l'aide des fameuses perfusions de sérum physiologique. D'une heure, le laps de temps passait à vingt minutes. Mais, là encore, la parade fut vite trouvée par les soigneurs : les coureurs certains de ne pas être mis hors course passaient les premiers à l'analyse sanguine. Cela laissait suffisamment de marge aux autres.

Un seul n'échappa pourtant pas aux griffes toutes lisses de l'UCI : Marco Pantani pendant le Tour d'Italie 1999. Alors que l'Italien filait tranquillement vers le succès final à Milan, les contrôleurs médicaux avaient débarqué au petit matin sans crier gare dans sa chambre d'hôtel à Madonna di Campiglio, sans même lui laisser le temps de se changer.

Voilà pourquoi le chauve romagnol cria sans cesse au complot, et qu'il ne s'en est toujours pas remis. À croire qu'on lui en voulait vraiment ; beaucoup plus qu'à Festina et à Telekom sur le Tour 1997, celui remporté par Ullrich devant Virenque : ni l'un ni l'autre, ni même leurs équipiers, n'avaient eu à se soumettre aux contrôles sanguins. Et Marco Pantani avait déploré cette anomalie dans la presse...

Enfin, il fallait que le coureur y mette du sien pour se faire alpaguer. Et je n'évoque pas la marge autorisée par l'UCI qui permet aux coureurs de monter finalement jusqu'à 51 % de taux d'hématocrite sans être pour autant mis en arrêt de travail. Les encadrements médicaux des équipes — je dis bien des équipes et pas seulement celui de Festina — s'étaient vite aperçus du décalage important — 2 % — qui existait en permanence entre la mesure du taux d'hématocrite constaté sur le matériel utilisé par l'UCI et celui mesuré par notre propre analyseur. Ainsi, là où Éric Rijckaert lisait 52 %, l'UCI trouvait 50 %, soit le seuil de tolérance. Mesurée, l'UCI...

Elle le fut beaucoup moins lorsqu'il s'est agi de prendre position face au repentir de Jérôme Chiotti, le seul coureur à ce jour à être passé aux aveux de dopage sans y avoir été contraint[1]. Sanctionné d'un an, mais avec sursis en juillet 2000 par sa propre fédération nationale pour délit de grande gueule, le coureur aveyronnais s'est finalement vu infliger trois mois de suspension ferme en janvier 2001 par le Tribunal arbitral du sport de Lausanne auprès de qui l'UCI avait fait appel. Plus dissuasif que ça, on n'a pas encore trouvé. Le président Daniel Delegove n'a d'ailleurs pas été sans consigner cette attitude réactionnaire dans son compte rendu de jugement : « *La loi du silence paraît régner sur le cyclisme avec une grande force [...] le fléau du dopage [...] ne pourra être combattu avec succès si la parole des différents acteurs du cyclisme ne se libère pas.* »

C'est beaucoup pour une instance internationale et son président qui n'ont « rien à se reprocher », comme le martela encore Hein Verbruggen à sa sortie du tribunal de Lille le 31 octobre 2000. Mais ce n'est pas tout.

Ce jour-là, Hein Verbruggen a passé cinq heures

1. Jérôme Chiotti, *De mon plein gré*, Calmann-Lévy, 2000.

éprouvantes face au président Daniel Delegove qui, pièce par pièce, démonta l'assurance du pourtant habile président de l'UCI. D'entrée, le Hollandais avait avantageusement dérouté l'auditoire en avançant deux pions : il s'exprimerait en français, ce qu'il pouvait librement refuser, et sous serment, ce à quoi il n'était pas obligé.

Mais Daniel Delegove avait minutieusement préparé son affaire. De déductions en recoupements, de raisonnements objectifs en interprétations pertinentes, il accula progressivement son vis-à-vis dans les cordes pour lui faire admettre que sa propre connaissance de l'EPO remontait bien à 1990, et non à 1995 comme il l'avait claironné, que le budget antidopage de l'UCI était symbolique, que l'UCI condamnait l'abus de dopage et non le dopage...

Par voie de conséquence, les attendus du jugement établis par Daniel Delegove et ses assesseurs le 22 décembre 2000 ne sont pas tendres à l'encontre de l'UCI. Ni de Verbruggen. Et ça fait mal. Jugez plutôt : « *Dès 1993, l'UCI [...] acquiert une connaissance étendue de la diffusion dans le cyclisme professionnel du dopage des coureurs au moyen surtout de l'EPO ; pourtant, jusqu'à la fin de 1996, elle reste confinée dans une quasi-inaction [...] Hein Verbruggen s'était fait connaître par la publication, en 1984, d'un rapport sur le dopage qui avait contribué à sa nomination comme vice-président de l'UCI. À la fin des années 1980 et plus précisément début 1988, le Comité international olympique, instance dont il est également membre, consacre une étude à l'EPO recombinante, substance créée par le génie génétique un an plus tôt, puis en 1990, inscrit cette substance sur la liste des produits interdits. Au cours de cette même période se produisent aux Pays-Bas sept décès de coureurs cyclistes par arrêt cardiaque susceptibles d'avoir été causés par la prise d'EPO, décès dont M. Verbruggen, de nationalité néerlandaise, a déclaré se souvenir parfaitement ainsi que des interrogations quant à leur origine [...] Dotée d'une telle connaissance, l'UCI s'abstient pendant des années de définir et d'exprimer une stratégie de lutte contre le fléau [...] Face au phénomène du dopage ainsi présenté, dans son ampleur et dans ses modalités à l'automne 1996, l'UCI limitera sa réaction à des actions cantonnées à la seule lutte de l'excès d'EPO, en négligeant complètement toutes les autres substances.* »

Malheureusement pour l'UCI, le compte rendu du procès lui consacrera dix de ses cent huit pages. Pour un organisme s'étant porté partie civile, ça fait cher la plainte. Car Daniel Delegove a relevé autant d'insuffisances que d'incohérences coupables dans le mode de fonctionnement interne de la maison mère du cyclisme. En observateur neutre mais éclairé, l'homme de loi, dont la probité ne peut être mise en doute, jette un regard critique sur les faillites et les compromissions d'un système. Morceaux choisis : « *En septembre 1997, le président Léon Schattenberg [responsable de la Commission sécurité et des conditions du sport de l'UCI] se réjouit de la baisse du taux moyen d'hématocrite constaté [...] le 15 de ce mois : 45,5 en septembre 1997, contre 48 en avril 1997 et 43 en 1989. La connaissance de ce dernier taux démontre que l'UCI, outre ses contrôles urinaires, disposait ainsi depuis longtemps d'un autre indicateur de la diffusion de l'EPO.*

« Il est donc conclu dans ce procès-verbal a une « gestion de l'EPO (les excès sont endigués) ».

« Cette sorte de cri de victoire amène deux observations. D'abord, l'optimisme affiché sur des bases erronées. Le temps accordé aux directeurs sportifs – quinze minutes — pour prévenir les coureurs est utilisé pour faire baisser artificiellement le taux d'hématocrite au moyen de perfusions qui entraînent une modification du volume plasmatique ainsi que l'a d'ailleurs exposé Roger Legeay au cours de cette même réunion du 15 septembre 1997.

« Ensuite, il convient de faire une seconde observation, beaucoup plus importante, quant à l'expression de l'optimisme affiché par le président de la CSCS [Commission de sécurité et condition du sport] de l'UCI. Le but affiché et — apparemment atteint — est la « gestion de l'EPO ».

« Ainsi est-il clair que l'objectif réel n'est pas de combattre et d'éradiquer tout dopage, mais seulement de limiter le recours à l'EPO, ce que d'autres écrits émanant de l'UCI confirmeront.

« La lecture attentive des procès-verbaux des réunions de la CSCS de l'UCI entre janvier 1997 et juillet 1998 démontre que seule l'EPO, et plus précisément l'excès d'EPO, est abordée au cours de ces réunions ; le cas des autres substances dont l'usage a été dénoncé par les instances françaises en octobre 1996 — hormones de croissance, testostérone, corticoïdes, anabolisants — est totalement ignoré.

« Le comportement de l'UCI, après même que l'affaire Festina aura éclaté en juillet 1998, confirmera que cette instance, en charge de diriger la lutte antidopage

au plan international, s'est de fait résolue à limiter durablement ses actions aux seuls excès du phénomène et, partant, à une quasi-tolérance de celui-ci.

« [...] Avec le recul, le bilan des mesures prises suite à ces fortes impulsions apparaît des plus modestes. À l'audience du 31 octobre, Hein Verbruggen qui, dans un premier temps, a paru ne plus très bien se souvenir de la proposition tendant à obtenir le concours financier substantiel des groupes sportifs à la lutte antidopage, a déclaré que la mesure envisagée n'avait pas été prise. Questionné ensuite sur l'opportunité de confier principalement le suivi sanitaire des coureurs au médecin de l'équipe alors qu'il avait été démontré que dans l'équipe Festina, les deux médecins, Éric Rijckaert et Fernando Jimenez-Diaz, avaient facilité et même dirigé le dopage des coureurs [...], Hein Verbruggen s'est borné à répondre : "J'ai confiance".

« Cette confiance ainsi manifestée sans raison apparente et alors même que l'actualité la plus brûlante n'aurait dû inspirer que la méfiance, voire la défiance, trouve son explication tant dans l'acceptation de l'UCI, dans son règlement, du recours aux hormones sous contrôle médical qu'aussi, d'autre part, dans sa quasi-tolérance d'un dopage cantonné dans certaines limites permettant de supprimer les dangers immédiats pour la santé des coureurs.

« La philosophie de l'action de l'UCI se trouve notamment exprimée par un courrier adressé par Léon Schattenberg à tous les coureurs affiliés à un groupe sportif, en date du 17 août 1998, aussitôt après le Tour de France.

« De nombreuses expressions utilisées dans ce cour-

rier démontrent que seul l'abus de l'EPO — et non son simple usage — est réellement combattu et est dangereux pour la santé des coureurs. Ainsi sont fustigés l'usage incontrôlé "des produits dopants" (page 1), "l'utilisation abusive d'EPO" qui "doit être éradiquée" (page 2), "l'abus d'EPO" (page 3).

*« Quant aux conséquences sanitaires, il est dit que l'usage incontrôlé de substances dopantes peut provoquer des dommages, parfois même sérieux, à la santé, ce qui paraît induire qu'*a contrario*, ce ne serait pas le cas d'un usage contrôlé. Va dans le même sens un autre passage qui expose que l'EPO et l'HGH (l'hormone de croissance) sont "de plus en plus utilisées... en quantités dangereuses pour la santé et la vie", laissant entendre qu'il existerait un seuil en deçà duquel le risque pour la santé n'existerait pas.*

« Ces affirmations sont d'une particulière gravité car elles font croire aux coureurs à l'innocuité d'un usage limité des produits dopants alors que les risques à long terme de tels produits pris en association sont considérés par les scientifiques comme sérieux.

« Pas davantage fondées ne paraissent les considérations portant sur l'influence du dopage sur les performances [...] À en croire Léon Schattenberg, la limitation du dopage permet aux non-dopés de retrouver des chances de succès en sorte à les inciter à continuer à se détourner du dopage : l'analyse du cas de Christophe Bassons a démontré le contraire.

« La limitation du dopage [...] se trouve être en réalité le seul objectif réel de l'UCI ainsi que le révèle en page 4 un extrait de la conclusion de la lettre de Léon Schattenberg aux coureurs cyclistes : "Les contrôles de

santé ne signifient pas que le dopage soit éradiqué. Ni maintenant, ni à l'avenir.” »

Enfin, Daniel Delegove prolonge ses constats par une démonstration qui, lorsqu'elle n'est plus l'apanage de l'UCI, devient édifiante. Lisez ce qui suit :

« Cet aveu d'impuissance, maintenu pour le futur, ne peut que conduire chaque coureur à la conclusion que ses concurrents vont se doper et, dès lors, lui faire considérer le dopage comme une nécessité pour bien figurer dans les classements ou, comme certains dont le cas a été évoqué, simplement pour bien faire son travail d'équipier.

« Une telle conclusion s'imposera d'autant plus dans l'esprit des coureurs que des messages d'autres natures les conforteront dans l'idée que le dopage n'est pas sérieusement combattu ni, a fortiori, *menacé.*

« Ainsi en est-il d'abord des expressions du corporatisme qui conduisent les instances du cyclisme à défendre coûte que coûte le corps gangrené par le dopage lorsque, par exemple, les pratiques illicites sont dénoncées par la presse. Des réactions déjà décrites consistent [...] à minimiser la réalité du dopage au sein du peloton. Dans un registre proche figure la dénonciation des dénonciateurs et, plus généralement, de tous ceux qui viennent troubler le cyclisme. Ainsi, par exemple, les termes d'un courrier adressé le 13 avril 1999 par Hein Verbruggen à ses “chers amis” (les coureurs cyclistes) pour commenter une des interventions de la police au cours du Tour de France 1998. Selon lui, “de tels actes ne peuvent être basés uniquement sur la logique... d'autres raisons doivent être en cause.” »

Évoquant une autre enquête qui avait causé l'arrêt

des Trois Jours de La Panne (en Belgique, début avril 1999), il tient à « *féliciter coureurs et directeurs sportifs pour la manière dont ils ont traité cette "attaque"* ». Il conclut : « *Il faut vous préparer à être encore la cible de certaines actions policières dans l'avenir.* »

« *Dans un ordre différent mais débouchant sur le même type de conséquences quant à la pérennité du dopage, doit être mentionnée l'attitude des instances internationales face aux coureurs qui, spontanément, se repentent de s'être dopés et qui, d'une façon quasi mécanique, sont aussitôt punis par des sanctions tout à fait propres à dissuader des coureurs d'avoir la même démarche et à les encourager, au contraire, à garder le silence.*

« *[...] L'UCI s'est installée dans une quasi-tolérance du dopage, ce que démontre encore la reconnaissance par son règlement de la licéité de la prise de supplément d'hormones.*

« *En effet, au paragraphe 13-3-009 alinéa 6 du règlement de l'UCI de 1999, il est énoncé que : "Le supplément hormonal n'est acceptable que si, par rapport à la situation normale, il est constaté une chute anormale du niveau d'hormones qui, selon les connaissances médicales modernes, menace de plus en plus la santé du sportif."*

« *Ce qui est accepté, et même prôné dans un but sanitaire, est ce qui est quelquefois également appelé "rééquilibrage hormonal".*

« *Un tel rééquilibrage constitue déjà en lui-même en réalité, à supposer qu'il puisse vraiment être limité à un retour à la normale, une forme de dopage ; car la compensation endocrinienne envisagée conduirait artifi-*

ciellement un coureur cycliste à surmonter l'état d'épuisement dans lequel les précédentes épreuves l'ont mis pour lui permettre de participer à la suivante lors même qu'il aurait dû normalement se reposer. Un tel rééquilibrage s'analyse encore plus comme un dopage pour deux raisons. La première, parce qu'un coureur pourra, dans une épreuve, puiser sans limites dans ses réserves sans penser à se ménager pour la compétition suivante dès lors qu'il saura qu'un supplément hormonal lui permettra d'être prêt. La seconde raison est que la saison cycliste, dans son ensemble, forme en elle-même une compétition puisqu'il existe un classement général qui porte sur toutes les épreuves de l'année ; le rééquilibrage hormonal aurait pour effet, dans ce cadre, de fausser les résultats en avantageant les moins résistants naturellement et les plus imprévoyants et en désavantageant au contraire les plus résistants et ceux qui s'emploient à dépenser le plus judicieusement leurs forces au cours de la saison.

« Au surplus, la possibilité d'un tel supplément hormonal est un leurre qui permet en réalité un dopage limité car la définition d'une norme hormonale s'avère impossible, le taux d'hormones variant d'un individu à un autre et, pour un même individu, d'une période de temps à une autre. Ainsi ceux qui recourraient au rééquilibrage hormonal se trouveraient-ils en mesure de dépasser cette norme, en respectant certaines limites, sans qu'alors le dépassement soit décelable.

« L'impuissance de l'UCI face au dopage, sa quasi-tolérance d'une forme atténuée de celui-ci ont nécessairement influencé dans de notables proportions le choix des coureurs, membres ou anciens membres de l'équipe

Festina ou membres de l'équipe La Française des Jeux qui se sont dopés ainsi que les décisions de ceux qui ont été déclarés coupables de l'avoir facilité ou de les y avoir incités.

« Alors que la gravité de l'atteinte à la loyauté des compétitions et surtout les risques qu'a fait peser sur la santé des coureurs le dopage prolongé qui a été constaté, constituent à l'égard des auteurs principaux de ces infractions, une incitation à une grande sévérité au point de faire envisager des peines d'emprisonnement ferme, la carence persistante de la lutte antidopage conduit au contraire à la modération des sanctions et de leurs modalités d'exécution. »

Voilà ce qui s'appelle remettre chacun face à ses vraies responsabilités. En conséquence de quoi, l'UCI, qui avait réclamé un « *franc de dommages-intérêts à chacun des prévenus en réparation de l'atteinte à la réputation et à l'image du sport cycliste ainsi que d'elle-même en tant notamment qu'association chargée de l'organisation des championnats du monde et de la promotion de l'éthique sportive (!)* », fut-elle « *déclarée non fondée en sa demande dont elle sera déboutée* ».

Est-il besoin d'ajouter que le camouflet fut très mal vécu par les dirigeants de l'UCI lorsque Daniel Delegove fit une rapide lecture de ses motivations (huit minutes) dans une salle correctionnelle bondée du tribunal lillois ? Au point de faire appel devant la cour d'appel de Douai qui devrait rendre son verdict à l'automne 2001.

D'ici là, soyons-en sûrs, elle « *poursuivra résolument son combat contre toute forme de tricherie dans le cyclisme* » comme elle s'y engagea solennellement dans un communiqué qui suivit le jugement. Preuve de son volontarisme, le premier travail de son président Hein Verbruggen fut de... visiter les sites des villes candidates aux jeux Olympiques d'été de 2008, demandant d'ailleurs au passage à ses interlocuteurs parisiens de laisser le CIO s'occuper des opérations antidopage...

L'UCI se dit résolue. À la hauteur de toutes les initiatives qu'elle a prises depuis le procès Festina ?

Les champions du monde ayant contrevenu à la réglementation antidopage[1]

En près de cinquante ans d'histoire du cyclisme, les noms de 91 champions du monde cités dans des affaires de dopage au moins une fois dans leur carrière.

Depuis 1952 jusqu'à cette année, ces athlètes de toutes nationalités (14), qui ont évolué dans quatre disciplines (route, piste, cyclo-cross, vtt), soit ont été condamnés par la justice, soit sont passés aux aveux, soit ont été déclaré positifs, soit ont fait l'objet d'un constat de carence — (ce qui est assimilé, dans le régime des sanctions fédérales, à un contrôle positif), soit encore ont été déclarés inaptes pour taux d'hématocrite supérieur à 50 %.

1. Avant, pendant ou après l'épreuve.

Les champions du monde ayant contrevenu à la réglementation antidopage

Année des faits	Noms	Prénoms	Nat.	Discipline concernée	Circonstances	Références
2001	FULST	Guido	ALL	Piste	Positif	Six jours de Stuttgart en janvier 2001 (caféine).
2000	TRENTINI	Mauro	ITA	Piste	Arrestation	Pour détention de substances interdites à la frontière suisse (Collinelli Andréa).
2000	BERZIN	Evgueni	RUS	Piste	Inapte	Tour d'Italie 2000, interdit de départ (hématocrite).
2000	BROCHARD	Laurent	FRA	Route	Aveux	Devant le tribunal de Lille en 2000.
2000	CHIOTTI	Jérôme	FRA	VTT	Aveux	Publics, à son initiative : CM VTT 1996.
2000	COLLINELLI	Andréa	ITA	Piste	Positif	Chpt Italie piste 2000 (analgésique et stimulant) et arrestation frontière détention
						substances interdites.
2000	LEBLANC	Luc	FRA	Route	Aveux	Devant le tribunal de Lille en 2000.
1999	MOSER	Francesco	ITA	Route	Aveux	De transfusion sanguine.
1999	LYONS	Tim	AUS	Piste	Positif	Contrôle hors compétition en Australie 1999.
1999	JANSSENS	Marc	BEL	Cyclo-cross	Inapte	CdM (6e manche) à Nommay (Fra) 1999. (hématocrite)
1999	MARSAL	Catherine	FRA	Route	Positive	Tour du Trentin 1999 (Diurétique), et « Inapte » (hématocrite) au chpt France 1999.
1999	EDWARDS	Gary	GBR	Route	Positif	CM vétérans (anabolisants) et sera suspendu à vie (multirécidiviste)
1999	LUPERINI	Fabiana	ITA	Route	Positive	Tour de Vénétie (anabolisants), la contre expertise confirmera : sanction 8 mois,
						puis la commission d'appel l'annulera.
1999	VAN EIJDEN	JAN	ALL	Piste	Inapte	CM Vitesse à Berlin (All) : hématocrite trop élevée.
1999	HONCHAR	Serguei	UKR	Route	Inapte	Tour de Suisse (hématocrite).
1999	AMPLER	Uwe	ALL	Route	Positif	Tour de Saxe (anabolisants) et aveux presse (T.V allemande).
1999	ZILIUTE	Diana	LIT	Route	Positive	Grande Boucle Internationale Féminine (Caféine).
						Simple avertissement de sa fédération…
1998	PONTONI	Daniele	ITA	Cyclo-cross	Positif	Chpt d'Italie de cyclo-cross : (stimulants).
1998	ZÜLLE	Alex	SUI	Route	Aveux	Justice à Lyon : affaire Festina.
1997	COLOMBO	Luca	ITA	Route	Inapte	Paris-Nice 1997 (1re étape) : hématocrite.
1997	NEIWAND	Gary	AUS	Piste	Positif	Réunion piste en Nle Zélande. Positif à un stimulant. (amende)
1997	KAPPES	Andréas	ALL	Piste	Positif	Chpt Allemagne (1er course points) et récidive au Chpt d'Allemagne 2000 (anabolisants).
1997	PEZZO	Paola	ITA	VTT	positive	CdM à Annecy : anabolisants. Elle sera blanchie par la Fédération Italienne.
1994	INDURAIN	Miguel	ESP	Route	Positif	Tour de l'Oise 1994, loi Bambuck (puis blanchi pour justification thérapeutique a posteriori.)
1994	OLANO	Abraham	ESP	Route	Positif	Tour de Catalogne (Esp) 1994 (caféine)
1994	BUGNO	Gianni	ITA	Route	Positif	Coppa Agostoni (Ita) 1994 (caféine).
1994	WOLF	Carsten	ALL	Piste	Positif	Six jours de Munich (All) 1994 et Six jours de Grenoble (anabolisants) 1998.
1993	CLIGNET	Marion	FRA	Piste	Positive	CdM à Valence (Esp). Caféine.

Année des faits	Noms	Prénoms	Nat.	Discipline concernée	Circon-stances	Références
1993	ENIUKHINA	Gallne	RUS	Piste	Positive	CM Vitesse à Hamar (Nor)
1993	BRUGNA	Walter	ITA	Piste	Positif	En Italie. Suspendu 2 ans.
1991	HALL	Carey	AUS	Piste	Positif	CM de Stuttgart (All) 1991 déclassé 1re place en vitesse (anabolisants).
1991	PATE	Stephen	AUS	Piste	Positif	CM de Stuttgart 1991 (anabolisants).
1991	DE BIE	Danny	BEL	Cyclo-cross	Fraude	Cyclo-cross de Zillebeke 1991 (Bel)
1991	VINNICOMBE	Martin	AUS	Piste	Positif	Contrôle hors compétition en juin 1991 : anabolisants.
1991	FREULER	Urs	SUI	Piste	Positif	Prix de Seindelfingen (All).
1990	BOYER	Philippe	FRA	Piste	Condamné	Arrêté par la douane (à Arras) produits interdits (Dinintel) et aveux publics.
1990	VERNET	Philippe	FRA	Piste	Condamné	Arrêté par la douane (à Arras) produits interdits (Dinintel)
1988	DAZZAN	Ottavio	ITA	Piste	Positif	CM Vitesse à Gand (Bel) 1988
1988	TOURNÉ	Stan	BEL	Piste	Positif	CM demi-fond à Gand (Bel) 1988 amphétamines.
1988	GOLINELLI	Claudio	ITA	Piste	Positif	CM Vitesse à Gand (Bel) 1988 : anabolisants.
1987	COLAS	Fabrice	FRA	Piste	Positif	Pré-Olymp. Séoul (anabolisants), La FFC classera l'affaire pour retard des résultats de la contre-expertise.
1987	LONGO	Jeannie	FRA	Piste	Positive	Colorado Springs (USA) R.H éphédrine. La contre-expertise confirmera. La FFC la blanchira : retard de la contre-expertise.
1987	NICOLOSO	Isabelle	FRA	Piste	Positive	Semaine fédérale 1987.
1987	DE WILDE	Étienne	BEL	Piste	Positif	Six jours d'Anvers (anabolisants). Acquitté pour contre-expertise effectuée dans le même laboratoire.
1986	CAHARD	Yavé	FRA	Piste	Positif	Journée des Records de Colorado Springs (USA) en août 1986. Anabolisants.
1984	TWIGG	Rebecca	USA	Piste	Révélation	JO Los Angeles, transfusion sanguine (révélation a posteriori du Docteur de l'équipe américaine).
1983	BOSSIS	Jacques	FRA	Piste	Positif	TdF 1983 (anabolisants).
1983	VAN DER POEL	Adri	HOL	Cyclo-cross	Positif	Grand Prix Francfort 1983 (strychnine) et Semaine Sicilienne 1984 (éphédrine)
1982	HINAULT	Bernard	FRA	Route	Carence	Collective, au contrôle du Prix de Callac. Sur décision de la FFC du 25.01.1983, la sanction ne sera pas appliquée.
1980	ALGERI	Pietro	ITA	Piste	Positif	CM à Besançon 1980.
1980	KOS	René	HOL	Piste	Positif	CM Demi-fond Pros à Besançon (strychnine).
1980	THURAU	Dietrich	ALL	Piste	Positif	Gand-Wevelgem, Tour Romandie, Chpt Allemagne : positif aux amphétamines : non sanctionné + aveux TdF 1987 (anabolisants)
1979	VERMEIRE	Robert	BEL	Cyclo-cross	Positif	CM Pros à Saccolongo (ITA)
1978	GLAUS	Gilbert	SUI	Route	Positif	Anabolisants. Non sanctionné.

Année des faits	Noms	Prénoms	Nat.	Discipline concernée	Circon-stances	Références
1978	SZURKOWSKI	Richard	POL	Route	Positif	CM du 100 kms par équipes.
1977	ZOETEMELK	Joop	HOL	Route	Positif	TdF 1977 (15e étape) ; TdF 1979 ; TdF 1983.
1977	BRAUN	Gregor	ALL	Piste	Carence	Constat de carence : Tour d'Émilie.
1976	BOTHEREL	Jacques	FRA	Route	Positif	Circuit du Moros 1976.
1976	OVION	Régis	FRA	Route	Positif	TdF 1976 (13e étape). Amphétamines.
1976	HARITZ	Günter	ALL	Piste	Positif	Tour d'Espagne (4e étape).
1976	VANDENBROUCKE	Jean-Luc	BEL	Piste	Positif	Palais Sports d'Anvers, Milan-San Remo, Tour d'Italie.
1975	RIOLAND	Roger	FRA	Piste	Carence	Chpt de poursuite CVA (Constat de carence)
1975	GIMONDI	Felice	ITA	Route	Positif	TdF 1975 (15e étape) Tour d'Italie 1988 (amphétamines) et Tour de Romagne 1974.
1975	KOCOT	Benedict	POL	Piste	Carence	Et déclassé au CM de tandem 1975.
1975	KNUDSEN	Knud	NOR	Piste	Positif	Tour de Belgique.
1974	KNETEMANN	Gerrie	HOL	Route	Positif	Critérium du Dauphiné-Libéré (éphédrine).
1974	MAERTENS	Freddy	BEL	Route	Positif	Tour de Belgique (stimulants) et trois fois positif en 1977.
1973	DE VLAEMINCK	Eric	BEL	Cyclo-cross	Arrêté	Le 08.11.1973 pour usage de stupéfiants et vol de produits pharmaceutiques, ses fournisseurs seront condamnés (Gand 1976).
1972	TURRINI	Giordano	ITA	Piste	Positif	Chpt d'Italie de vitesse.
1971	JOURDEN	Jean	FRA	Route	Positif	Critérium du Dauphiné-Libéré 1971 (7e étape) : éphédrine.
1969	CHAPPE	Georges	FRA	Route	Positif	Grand Prix Saint-Brieuc (amphétamines).
1969	JANSEN	Jan	HOL	Route	Aveux	Constat de carence et aveux (Paris-Nice) 1969.
1969	MERCKX	Eddy	BEL	Route	Positif	Tour d'Italie 1969 (amphétamines) ; Tour Lombardie 1973 (éphédrine) ; Flèche Wallonne 1977 (stimul).
1969	NIJDAM	Henk	HOL	Piste	Positif	TdF 1969.
1969	ALTIG	Rudy	ALL	Route	Positif	TdF 1969 et constat carence deux fois en 1966 et 1967.
1968	STABLINSKI	Jean	FRA	Route	Positif	TdF 1968 (11e étape) : amphétamines.
1968	WOLFSCHOL	Rolf	ALL	Cyclo-cross	Positif	CM de cyclo-cross.
1968	ADORNI	Vittorio	ITA	Route	Positif	Tour de Sardaigne et Tour d'Italie 1968.
1967	SIMPSON	Tom	GBR	Route	Decès	TdF 1967 (amphétamines).
1967	FAGGIN	Leandro	ITA	Piste	Positif	Chpt du monde de poursuite 1967. Et aveux.
1967	DOLMAN	Evert	HOL	Route	Positif	Chpt national 1967 et Chpt national 1970 : constat de carence plus aveux.
1967	KEMPER	Dieter	ALL	Piste	Positif	CM Pros demi-fond : contrôle anti-dopage (2 000 frs d'amende).
1967	REYNDERS	Yvonne	BEL	Route	Positive	CM à Heerlen (HOL).

Année des faits	Noms	Prénoms	Nat.	Discipline concernée	Circon-stances	Références
1965	GROSSKOT	Charly	FRA	Piste	Positif	CM poursuite 1967 (éphédrine) ; Tour de l'Avenir 1965 (aveux).
1965	VAN STEENBERGEN	Rik	BEL	Route	Positif	Tribunal correctionnel de Gand (possession de stimulants).
1965	VAN LOOY	Rik	BEL	Route	Positif	Tour de Belgique 1965 (amphétamines) et constat de carence à Harelbeke (Bel) 1966.
1965	BEYET	Benoni	BEL	Route	Condamné	Sanction judiciaire en Belgique.
1965	BIANCHETTO	Sergio	ITA	Piste	Condamné	Tribunal correctionnel de Gand (possession de stimulants).
1965	TIMONER	Guillermo	ESP	Piste	Fraude	Caractérisée au contrôle médical (sanctionné de 1 000 Frs Suisses).
1960	RIVIÈRE	Roger	FRA	Piste	Aveux	Presse *(Sport et Vie)*.
1952	COPPI	Fausto	ITA	Route	Aveux	Publics « out, je prends la Bomba » (amphétamines).

(avec le concours du docteur Jean-Pierre de Mondenard)

1. Inapte : tout coureur dont le taux d'hématocrite était constaté à plus de 50 % lors d'un contrôle sanguin était déclaré inapte par l'UCI à la pratique cycliste pour une durée de quinze jours.

Abréviations
TdF : Tour de France
Chpt : championnat
CdM : Coupe du Monde
R.H : Record de l'heure
CM : Championnat du monde

6

La Fédération française de cyclisme

« Et si les gens auxquels je fais confiance me racontaient des bêtises ? » Fin juillet 1998, en pleine tempête d'un Tour de France qui n'en finissait pas, Daniel Baal a probablement raison de se poser la question.

Cinq ans plus tôt, cet Alsacien avait pris la tête de la Fédération française de cyclisme armé de ses trente-cinq ans, de ses convictions, de sa probité et sa candeur. Après des années d'immobilisme, le cyclisme se dotait d'un dirigeant au ton nouveau et authentique.

À dix-neuf ans, alors que Daniel Baal effectuait une modeste carrière chez les amateurs, il était devenu secrétaire de l'Association cycliste de Lauterbourg, dans le Bas-Rhin. À vingt-trois ans, il était élu au comité directeur de la FFC. Parallèlement, il avait mené de brillantes études commerciales qui ont fait de lui un fondé de pouvoir puis un cadre dirigeant du Crédit mutuel à Mulhouse.

Élu en février 1993 plus jeune président d'une

fédération olympique, réélu en 1997 tout en obtenant un poste de vice-président de l'UCI, il ne s'attendait pas à se débattre dans un panier de crabes.

Le 2 novembre 2000, lors de son audition devant le président du tribunal de Lille, Daniel Baal déclara avoir « été élu sans savoir ce qu'était l'EPO ». Il s'en est fallu de peu, de très peu, comme le lui signifia le président Daniel Delegove en précisant que « l'EPO était interdite par le CIO depuis 1990 »...

Pendant les cinq heures qu'il passera debout à la barre, parfois indigné, souvent emporté, Daniel Baal défendra ardemment ses idées et les choix de ses prédécesseurs, même ceux qui paraîtront plus que douteux. Pourquoi avoir engagé d'anciens coureurs positifs tels que Yves Hézard, Charly Bérard, Bernard Bourreau ou Jacky Mourioux, sans oublier le cas du Dr Armand Mégret ? Daniel Baal parlera d'hommes « bafoués injustement » et, concernant le médecin fédéral dont le nom a souvent été cité, il jurera que « son discours a toujours été sans ambiguïté depuis qu'il est à ce poste ».

Sans jeter la pierre à quiconque, il convient pourtant de rappeler que quatre cadres fédéraux, censés former des cadres et des jeunes, ont été positifs une, voire plusieurs fois dans leur carrière sportive. Où se trouve l'image d'exemplarité prônée par Daniel Baal ? Que penser de ses vibrants éditoriaux dans *La France cycliste*, l'organe fédéral officiel, quand il promettait d'écarter les tricheurs ? Yves Hézard fut entraîneur national après avoir été positif aux championnats de France ; Bernard Bourreau, actuel entraîneur national des juniors, fut sanctionné dans l'affaire du Courrier de Dax ; Charly Bérard, promu sous la direction de Daniel

Baal responsable de l'équipe de France après la démission de Charly Mottet, fut déclaré trois fois positif ; Jacky Mourioux, actuel entraîneur national sur piste, fut déclaré plusieurs fois positif. Sans oublier Bernard Thévenet, qui fut un temps, et notamment en 1994 quand Luc Leblanc devint champion du monde à Agrigente, directeur sportif de l'équipe de France après avoir reconnu s'être dopé aux corticoïdes... Imagine-t-on Ben Johnson entraîneur national de l'équipe canadienne d'athlétisme ? Existe-t-il une différence entre un dopé connu et un dopé méconnu ?

Ceux qui se taisent, qui rentrent dans le rang, peuvent intégrer le système tandis qu'un type comme moi, qui a pris le parti de parler, est rayé de la carte. Si je m'étais soumis à la loi de l'omerta tout en faisant amende honorable, que serait-il arrivé ? Dans deux ans (un peu comme Bernard Tapie), je retrouvais un poste à responsabilité dans le cyclisme. Et si j'en ai la conviction, c'est parce que deux équipes professionnelles m'ont contacté... Deux équipes françaises, l'une en activité, l'autre en cours de création !

Le procès Festina aura appris quelque chose à Daniel Baal : un chef de famille n'est pas fatalement fier de ses enfants. Une raison parmi d'autres qui l'a poussé à ne pas se représenter aux élections fédérales du 2 mars 2001.

Endossant très vite le costume de la lutte antidopage que personne ne voulait d'ailleurs porter, Daniel Baal a pourtant fait souffler le chaud et le froid. Pourquoi avoir demandé aux coureurs, par un courrier du 10 mai 1999, « d'exprimer clairement votre rejet du dopage [...] vous pourrez évidemment compter sur moi dans ce combat » et avoir ensuite mis tant de bâtons dans les roues de Jérôme Chiotti ? Pourquoi défendre un passé qu'il n'aurait jamais toléré ? Et comment être passé à côté du plus grand danger culturel du cyclisme en vingt ans de présence dans le giron fédéral ? Le dopage n'est pas né avec l'EPO, mais Daniel Baal, lui, semble être né de la dernière pluie. Les amphétamines des années 1950 ont reçu le renfort des corticoïdes des années 1970 qui ont été complétés par les anabolisants des années 1980 qui ont débouché sur l'EPO des années 1990 Série en cours. À chaque époque sa « charge », à chaque époque sa négligence de la morale, de la santé, de l'éthique ; mais à quarante ans de distance, la démarche, elle, est identique : tricher. J'ai pourtant envie de croire en cet homme dont la bonne foi m'a paru la plus authentique.

Le 7 septembre 1998, je refusai d'assister à une convocation de la formation disciplinaire de Ligue professionnelle du cyclisme professionnel, alors dirigée par Roger Legeay, et placée sous tutelle fédérale. Parce que je rejetais l'idée d'être jugé par des instances qui avaient laissé la catastrophe prendre racine. Je m'étais même fendu d'un communiqué de presse dans les deux jours, qui expliquait en substance que « des années de pratique aujourd'hui pénalement poursuivie étaient connues et pour le moins tolérées par l'ensemble des structures du cyclisme Ces instances n'ont jamais assumé leurs responsabilités et la crise de juillet en est la conséquence directe. La FFC n'a donc plus aucune légitimité à mes yeux pour résoudre cette crise ; seule la justice dispose désormais de la légitimité nécessaire pour sanctionner. »

Deux ans plus tard, le compte rendu du jugement du 22 décembre 2000 me donnera raison. Mais, dans l'intervalle, la FFC me sanctionna de cinq ans d'interdiction dans le cyclisme tout en me poursuivant en justice pour propos diffamatoires le 9 mars 1999. Six mois plus tard, sur la pointe des pieds, la FFC retirera finalement sa plainte. Heureuse décision car, dans le cas contraire, elle aurait dû poursuivre Daniel Delegove en justice.

Pour en revenir au cas Brochard, qui n'est ni plus ni moins qu'un exemple, le circuit de l'information n'exempte pas la FFC de tout reproche. Quand la positivité du coureur fut avérée par les analyses du laboratoire espagnol en octobre 1997, quelques jours après son sacre mondial de San Sebastián, l'information transita d'abord par l'UCI, puis par la FFC qui alerta l'intéressé avant que ce dernier ne m'appelle, abattu.

« Écoute Bruno, je suis positif à San Sebastián. Le produit ? Il est espagnol. On me réclame un certificat médical. Charly Mottet va te téléphoner. »

Dans le quart d'heure qui suivit, le tout frais directeur sportif de l'équipe de France me confirma la nouvelle.

« Mais ce n'est pas un problème, poursuivit Mottet. Il faut juste fournir un certificat par l'un de vos médecins. Le produit en question est la lidocaïne. »

Visiblement, par naïveté ou faiblesse, Charly servait juste de courroie de transmission. On voit mal l'UCI s'adresser à lui en pareil cas. Aussitôt, j'appelai Éric Rijckaert.

« Moi, je n'utilise pas ce produit-là, m'expliqua le médecin flamand. Je sais qu'il est positif aux contrôles.

Pas question pour moi de rédiger un certificat médical pour un produit que je ne préconise pas. S'il est espagnol, adresse-toi plutôt à un médecin de là-bas. »

Je composai alors un numéro tout près de Madrid. Au bout du fil, Fernando Jimenez confirma mes craintes.

« Oui, on l'a utilisé.

— Mais tu en as filé à Brochard ?

— Oui, sur la Vuelta.

— Mais aux championnats du monde ?

— Non.

— Le problème, c'est qu'il a été positif à San Sebastián. Il faudrait un certificat.

— Bon d'accord. »

Le justificatif thérapeutique, antidaté, fut adressé quelques jours plus tard à la FFC. Qui fit remonter le courrier jusqu'à l'UCI. Le dossier était bouclé : Brochard était disculpé, l'UCI satisfaite, la FFC tranquillisée. Une seule victime dans tout ça : quelques mois plus tard, pour avoir œuvré contre sa nature, Charly Mottet, lui qui comme coureur a toujours eu un comportement exemplaire, démissionnera de ses fonctions de directeur pour « raison personnelle et familiale »...

Je reconnais cependant que sans l'opiniâtreté de Daniel Baal, la fédération française aurait probablement emboîté le pas des autistes. Pour s'être engagé dès la première heure dans la lutte antidopage quand celle-ci fut déclarée, Daniel Baal s'est personnellement exposé à la vindicte sourde de sa grande famille qui fut contrainte de reconnaître son autorité. Initiateur du carnet de santé dans l'hiver 1998 et du suivi médical longitudinal contrôlé, Daniel Baal a défié non sans courage les directives de la maison mère qu'est l'UCI.

Un engagement soudain qui n'a pas épargné les égratignures. D'abord, sa mise en examen par le juge Keil en avril 1999 l'a profondément traumatisé, et ce n'est pas le non-lieu rendu six semaines plus tard qui le consolera ; ensuite, le président Daniel Delegove, s'il lui a reconnu bon nombre de circonstances atténuantes, n'a pas vraiment blanchi l'inertie constatée. Dans son compte rendu du jugement en décembre 2000, le magistrat associe bien souvent la FFC à l'UCI quand il s'agit de désigner des responsables dans l'aggravation du phénomène du dopage. « *Dès 1993,* écrit-il, *l'UCI et la FFC acquièrent une connaissance étendue de la diffusion dans le cyclisme professionnel du dopage des coureurs [...] Pourtant, jusqu'en 1996, elles restent confinées dans une quasi-inaction. Les courriers échangés à l'automne de 1993 entre les deux instances donnent une notion claire de leur connaissance du phénomène [...] Le contenu de la lettre adressée le 22 septembre 1993 par la commission antidopage de l'UCI aux fédérations nationales de cyclisme a été évoqué. Dans sa réponse du 21 octobre 1993, la FFC s'était déclarée consciente de ce que cette "substance dopante peut se révéler particulièrement dangereuse pour la santé des coureurs".* »

Un peu plus loin, Daniel Delegove reproche à la FFC d'avoir « *partagé avec l'UCI la passivité manifestée face à ce fléau. Que, dès lors, sa demande (de dommages et intérêts) n'est pas fondée et sera donc également rejetée.* »

Qu'en est-il sorti depuis ? Quatre choses :

— la FFC a fait appel de la décision. L'appel, comme celui de l'UCI, sera examiné à l'hiver 2001 ;

— le 2 novembre, veille de son audition, Daniel Baal exprimait dans les couloirs du tribunal « qu'on ne peut pas rester dans cette situation ». La veille pourtant, il estimait dans *L'Équipe* que « ça repartira comme avant ». Quel Baal croire ? Celui qui a jugé bon de ne pas briguer un troisième mandat de président ?

— l'accession de « Pitoche » à la présidence de la FFC. À soixante-huit ans, Jean Pitallier a causé la grosse surprise le 2 mars 2001 en prenant les rênes. Au prix d'une belle cabale, comme les aiment les arcanes d'un pouvoir en friche. Homme de l'ombre, bon père de famille, secrétaire de la FFC depuis deux décennies, membre de commission à l'UCI, et cheville ouvrière de... Daniel Baal, Pitallier incarne la voie du changement ;

— la mise en place dans les comités régionaux de la nomination d'un « Monsieur Net » qui sera censé répondre aux questions des dirigeants de clubs et des parents sensibilisés à la question. Pour avoir eu connaissance du contenu d'une de ces réunions, le 7 avril 2001 à Saint-Brieuc, j'ai su que les deux heures ont été consacrées à six points : le rôle de la commission, le rôle des délégués « Sport Net », les alternatives au dopage (entraînement, récupération, alimentation), la divulgation de la liste des produits interdits, le déroulé du contrôle antidopage et... les questions diverses. Une vraie révolution...

Ce semblant de plan pédagogique destiné aux jeunes a dû attendre le cataclysme qui frappa le monde professionnel deux ans plus tôt, ainsi que la curiosité de la presse qui révéla la profondeur du mal jusque chez les adolescents, pour s'attaquer à un fléau communément admis...

« J'ai l'espoir qu'on s'en sorte un jour et il ne faut jamais désespérer de l'homme », avait confié Daniel Baal à sa sortie du tribunal le 2 novembre 2000. Voilà à quoi s'accroche l'avenir du cyclisme. À un vœu.

Les champions de France ayant contrevenu à la réglementation antidopage [1]

De 1960 à 2000, des amateurs aux professionnels, des cadets (!) aux... vétérans, ils sont quatre-vingt-quatorze champions de France à avoir entretenu une relation directe ou indirecte avec le dopage.

Que la Fédération française de cyclisme ne vienne pas jouer les ingénues : tous ces cas ont été recensés positifs lors des procès-verbaux de sa propre commission de discipline ou bien les intéressés sont passés aux aveux ou ont fait l'objet d'une condamnation [2] *ou bien encore ont été déclarés inaptes pour taux d'hématocrite supérieur à 50 %. Le dopage n'est ni l'affaire de quelques-uns, ni d'une discipline isolée puisque les coureurs concernés sont issus des quatre composantes majeures du cyclisme : la route, la piste, le cyclocross et le VTT.*

La question n'est pas de jeter la pierre sur ces coureurs qui n'ont fait que participer à des rites culturels (on n'évoque ici que les champions de France) à un moment donné de leur carrière, mais d'établir un phénomène de masse qui n'a fait que s'amplifier au cours des années. Il y a plus de risques en effet qu'un coureur dopé l'ait été plusieurs fois plutôt qu'une seule. À la vue de cette liste, l'étendue des dégâts est bien plus parlante que les plus beaux discours.

1. Avant, pendant ou après l'épreuve.
2. Les affaires de justice en cours (à Poitiers, Reims, Perpignan, Rennes) risquent fort d'allonger cette liste.

Les champions de France ayant
contrevenu à la réglementation antidopage

Année de la révélation	Noms	Prénoms	Discipline concernée	Circonstances	Références
2000	Chiotti	Jérôme	VTT	Aveux	Publics, à son initiative : CM VTT 1996.
2000	Hervé	Pascal	Route	Aveux	A reconnu s'être dopé au procès de Lille 2000.
2000	Leblanc	Luc	Route	Aveux	A reconnu s'être dopé au procès de Lille 2000.
2000	Magnien	Emmanuel	Cyclo-cross	Positif	Corticoïdes : TdF 2000 (16e étape).
2000	Moucheraud	Maurice	Route	Aveux	Publics, à son initiative : au procès de Lille 2000.
2000	Thueux	Didier	Cyclo-cross	Condamné	Tribunal d'Abbeville : recel produits illicites.
1999	Marsal	Catherine	Route	Positif	Diurétique : Tour du Trentin, et « inapte » (hématocrite) au Chpt de France 1999.
1999	Menthéour	Pierre-Henry	Route	Aveux	Publics, à son initiative : renoncera à son Record de France de l'heure 1996.
1999	Roux	Laurent	Route	Positif	Amphétamines : Flèche Wallonne 1999.
1998	Dubreuil	Michel	Piste	Condamné	Amphétamines : importation illégale de substances vénéneuses (justice).
1998	Menthéour	Erwann	Route	Aveux	À reconnu publiquement et dans son livre s'être dopé.
1998	Paniez	Pascal	Piste	Condamné	Amphétamines : importation illégale de substances vénéneuses (justice).
1997	Bonnand	Cyril	VTT	Inapte [1]	Pour 15 jours, pour taux d'hématocrite trop élevé (contrôle inopiné avant CM).
1997	Savignoni	Jean-Christophe	VTT	Inapte [1]	Pour 15 jours, pour taux d'hématocrite trop élevé (contrôle inopiné avant CM).
1996	Davy	Thomas	Route	Positif	Éphédrine : Tour d'Aragon 1996, puis aveux procès de Lille 2000.
1996	Dérique	David	Piste	Positif	Anabolisants : Vendée International Classic 1996.
1996	Desbiens	Laurent	Piste	Positif	Anabolisants : Vendée International Classic 1996.
1996	Durand	Jacky	Route	Positif	Anabolisants : Tour Côte Picardie en 1996.
1996	Gaumont	Philippe	Route	Positif	Anabolisants : Tour Côte Picarde 1996.
1996	Lancien	Frédéric	Piste	Positif	Nandrolone : lors d'un contrôle inopiné en 1996.
1996	Laurent	Thierry	Route	Positif	Anabolisants : Quatre Jours de Dunkerque 1996, et inapte (hématocrite) : Tour d'Italie 1997
1995	De Las Cuevas	Armand	Route	Arrestation	Arrêté douane franco-suisse : produits illicites + justice italienne 2000, ordonnances EPO.
1995	Liévin	Gérard	Route	Positif	Testostérone : Chpt France route 1995 et à Gueugnon en 1999 (amphétamines).
1993	Clignet	Marion	Piste	Positive	Caféine : CdM piste à Valence (Esp).
1993	Lino	Pascal	Piste	Positif	Amstel Gold Race 1993.
1992	Le Greves	Alain	Piste	Aveux	Dans *L'Année du cyclisme* 1992 (page 187).
1992	Tarantini	Philippe	Piste	Positif	Amphétamines : Six-Jours de Stuttgart.
1990	Boyer	Philippe	Piste	Condamné	Arrêté par la douane (à Arras) ; produits interdits (Dinintel) et aveux publics.
1990	De Vooght	Fabien	Route	Positif	Anabolisants : Tour de la Côte Roannaise.

Année de la révélation	Noms	Prénoms	Discipline concernée	Circonstances	Références
1990	Vernet	Philippe	Piste	Condamné	Arrêté par la douane (à Arras) ; produits interdits (Dinintel).
1989	Amardheil	Jean-Luc	Route	Fraude	À Fons en 1986 et Blaye en 1989 : tentative de fraude et récidive.
1989	Chassang	Jean	Cyclo-cross	Positif	Grand Prix de Royan 1989.
1989	Garcia	Didier	Piste	Aveux	Publics en 1988. Dossier de *L'Express* du 24.11.1989. Et affaire de Bercy 1986.
1989	Le Clerc	Roland	Route	Positif	Flèche Wallonne le 12.04.1989.
1989	Madiot	Marc	Route	Aveux	Usage produits interdits dans les critériums : *Libération* du 09.10.1989.
1989	Villemiane	Pierre	Route	Positif	Grand Prix de Royan 1989.
1986	Aigueparses	Claude	Route	Positif	Grand Prix d'Auchan 1988.
1987	Lesage	Frédéric	Route	Positif	Au Chpt de Picardie 1987. Et condamnation tribunal Abbeville 2000 : recel produits illicites.
1987	Aggar	Hacen	Piste	Positif	Anabolisants : Chpt vitesse séniors 1987.
1987	Bruneau	Jean-Yves	Piste	Positif	Anabolisants : Chpt vitesse séniors 1987.
1987	Castaing	Francis	Piste	Positif	Anabolisants : Tour de la Communauté Européenne 1987.
1987	Colas	Fabrice	Piste	Positif	Anabolisants : Pré-Olympiques Séoul. La FFC classera l'affaire : retard résultats de la contre-expertise.
1987	Fignon	Laurent	Route	Positif	Amphétamines, GP Wallonie 1987 et Prix Libération 1989.
1987	Le Bigault	Pierre	Route	Positif	Caféine : Milk Race 1987 et constat de carence Prix de Callac 1982.
1987	Longo	Jeannie	Piste	Positive	Éphédrine : Colorado Springs (RH) confirmée par contre-expertise. La FFC la blanchira : retard de la contre-expertise.
1987	Nicoloso	Isabelle	Piste	Positive	À la Semaine Fédérale 1987.
1987	Patritti	Alain	Piste	Aveux	A reconnu avoir consommé des amphétamines, lors du procès de Laon.
1986	Clémente	Franck	Piste	Aveux	Amphétamines : affaire des Six Jours de Paris-Bercy (justice).
1986	Cahard	Yavé	Piste	Positif	Anabolisants : Journée des Records Colorado Springs 1986 (USA).
1986	Caritoux	Éric	Route	Aveux	Affaire des Six Jours de Paris-Bercy, reconnaît l'achat d'amphétamines (justice).
1986	Chaurin	Jean-François	Piste	Aveux	Affaire des Six Jours de Paris-Bercy, reconnaît l'achat d'amphétamines (justice).
1986	Claveyrolat	Thierry	Route	Aveux	Affaire des Six Jours de Paris-Bercy, reconnaît l'achat d'amphétamines (justice).
1986	Clère	Régis	Route	Aveux	Affaire des Six Jours de Paris-Bercy, reconnaît l'achat d'amphétamines (justice).
1986	Lecrocq	Dominique	Piste	Aveux	*L'express* 30.06.1989 et France 2. Et constat de carence à Wachtebeke en 1986.
1983	Bossis	Jacques	Piste	Positif	Anabolisants : TdF 1983.
1983	Simon	Pascal	Route	Positif	Micorène : critérium du Dauphiné Libéré 1983.
1982	Martin	Raymond	Route	Positif	Tour de l'Avenir Open 1982.
1982	Tinazzi	Marcel	Route	Positif	Bordeaux-Paris 1984 et constat de carence à Paris-Nice 1982.
1981	Arze	Jean	Piste	Carence	Critérium des Vainqueurs vétérans 1981.

Année de la révélation	Noms	Prénoms	Discipline concernée	Circonstances	Références
1979	Hosotte	Patrick	Piste	Positif	Anabolisants : Tour de Suisse 1979.
1977	Thévenet	Bernard	Route	Positif	Paris-Nice 1977, et aveux usage corticoïdes dans la presse.
1976	Bourreau	Bernard	Route	Fraude	Caractérisée : Étoile des Espoirs et affaire dite courrier de Dax.
1976	Croyet	Bernard	Piste	Fraude	Entrave au contrôle médical à l'Étoile des Espoirs 1976.
1976	Dard	Rachel	Route	Fraude	Caractérisée : Étoile des Espoirs et affaire dite courrier de Dax.
1976	Ovion	Régis	Route	Positif	Amphétamines : TdF 1976 (13e étape).
1976	Sibille	Guy	Route	Positif	Tour du Limousin 1976. Tour des Flandres 1977 : constat de carence.
1975	Rioland	Roger	Piste	Carence	Chpt poursuite Vétérans CVA. (constat de carence)
1975	Theillère	Jean-Claude	Route	Positif	Critérium national (Rouen) 1968 et constat de carence : prix de Bellerive 1975.
1974	Delisle	Raymond	Route	Positif	Pipéridine : Liège-Bastogne-Liège 1974.
1974	Lesca	André	Route	Carence	Grenade le 1er mai 1974 (refus du contrôle médical).
1973	Boulard	Jean-Pierre	Route	Positif	Méphentermine : Grand Prix de Puillenay 1973.
1973	Mourioux	Jacky	Piste	Positif	Prix de la Souterraine 1973.
1973	Podesta	René	Route	Carence	Tour de l'Aude 1973, (4e étape) : constant de carence.
1971	Campaner	Francis	Route	Positif	Tour du Portugal 1971.
1971	Dumont	Jean	Route	Positif	Chpt de France 1971.
1971	Foucher	André	Route	Positif	Amphétamines : Prix de la St-Michel 1971, Prix d'Ambrières 1976.
1971	Cestraud	Jacques	Route	Positif	Amphétamines : Circuit de Saint-Saturnin 1971.
1971	Hézard	Yves	Route	Positif	Éphédrine : 1er et déclassé, Chpt de France Pros 1971.
1971	Ravaleu	Yves	Route	Positif	Amphétamines : TdF 1971 (15e étape).
1971	Ricci	Walter	Route	Positif	Tour de Belgique 1971.
1970	Guimard	Cyril	Cyclo-Cross	Positif	Quatre-Jours de Dunkerque 1970, et TdF 1974 (13e étape).
1970	Gutty	Paul	Route	Positif	1er et déclassé, Chpt de France Pros 1970.
1969	Matignon	Pierre	Route	Positif	Corydrane : TdF 1969 (8e étape).
1969	Raymond	Christian	Route	Carence	Critérium de Saint-Brieuc : constat de carence.
1968	Samyn	José	Route	Positif	Corydrane : TdF 1968 (6e étape).
1968	Stablinski	Jean	Route	Positif	Amphétamines : TdF 1968 (11e étape).
1967	Anglade	Henry	Route	Aveux	*Miroir sports* le 30 novembre 1967.
1967	Anquetil	Jacques	Route	Aveux	En 1967 « Oui je me dope », et constat de carence en 1966 et 1967.
1967	Ducreux	Daniel	Route	Positif	Tour du Portugal 1971 ; au TdF 1974 (10e étape) Amphétamines.

Année de la révélation	Noms	Prénoms	Discipline concernée	Circonstances	Références
1967	Le Tort	Désiré	Route	Positif	Amphétamines : 1er et déclassé, Chpt de France 1967, TdF 1967, GP Nations 1968, Tour d'Espagne 1971.
1965	Aimar	Lucien	Route	Positif	Flèche Wallonne 1966, et Crit. International 1973 (puis carence). Crit. national 1969.
1966	Geminiani	Raphaël	Route	Aveux	Mensuel *Candide* le 12.09.1966 et Vélo 1984.
1965	Grosskot	Charly	Piste	Positif	Éphédrine : CM poursuite 1967 et Tour de l'Avenir 1965 : aveux.
1960	Rivière	Roger	Piste	Aveux	Presse (*Sport et Vie*).

(avec le concours du docteur Jean-Pierre de Mondenard)

1. Inapte : tout coureur dont le taux d'hématocrite était constaté à plus de 50 % lors d'un contrôle sanguin était déclaré inapte par l'UCI à la pratique cycliste pour une durée de quinze jours.

Abréviations
TdF : Tour de France
Chpt : championnat
CdM : Coupe du Monde
RH : Record de l'heure
CM : Championnat du monde

7

Les complices

De la performance

« J'ai découvert l'hormone de croissance en lisant *Air France Madame* dans l'avion. »

On ne sait si Nicolas Terrados rédige ses ordonnances sur des cartes d'embarquement mais il a fallu attacher sa ceinture quand le médecin de la Once s'est présenté à la barre du tribunal de Lille, le 2 novembre 2000.

Y a-t-il un médecin dans l'avion ? Pas plus que sur les routes du Tour 1998 quand Daniele Tarsi (Casino), Massimo Testa (La Française des Jeux), Andreï Mikhailov (TVM) avaient pris la poudre d'escampette à l'annonce des descentes de police.

Le comportement de Nicolas Terrados stigmatise la couardise d'une population médicale bien peu responsable.

Terrados, pourtant, ce n'est pas rien. Diplômé de l'université d'Oviedo, membre du comité olympique espagnol, passé maître en physiologie du sport, il est souvent cité en référence dans son pays. Mais face au président Delegove, une heure durant, il fut surtout un bien pitoyable personnage.

L'aveu d'Alex Zülle, ex-coureur Once, lors de son interrogatoire à Lyon par le SRPJ lillois en juillet 1998, n'a pas gêné une seconde le Dr Terrados. Le coureur suisse avait expliqué : « Lorsque je faisais partie de l'équipe Once, cette pratique de l'EPO s'opérait de la même manière [que chez Festina] et je peux dire que la vingtaine de coureurs consommait de l'EPO sous contrôle des docteurs Terrados et d'un prénommé José. » Mensonge, affabulation, calomnie ? Non, non... « Zülle est un garçon nerveux », expliquera Terrados.

Interpellé dans sa chambre d'hôtel à Chambéry alors que, comme le note non sans humour Daniel Delegove, « *les coureurs et les membres de l'encadrement de l'équipe Once venaient, avec une certaine précipitation, de quitter la France pour la Suisse* », Terrados assure que la masse des produits saisis (corticoïdes surtout) était destinée aux auxiliaires de l'équipe atteints de « diverses affections chroniques ». C'était Tchernobyl chez Once...

Dans son compte rendu, Daniel Delegove fait alors remarquer benoîtement que « *ces médicaments sont tous au nombre de ceux qui sont susceptibles d'être inclus dans des programmes de dopage* » mais que « *leur utilisation dans ce cadre n'a pu être vérifiée en raison de l'impossibilité, causée par le départ précipité des coureurs de l'équipe Once vers la Confédération helvétique, d'effectuer sur eux les prélèvements d'urine, de sang et de cheveux qui l'ont été sur des coureurs d'autres équipes* ». Sinon, sûr que ceux qui donnent si souvent leur corps à la science auraient prêté leur concours...

L'implication des médecins dans le dopage scientifique en milieu sportif n'est plus à démontrer. Ils étaient deux, sans compter cinq autres relevant de la sphère soignante (d'Hont, Dalibot, Voet et le couple Paranier) à cirer le banc des prévenus. Éric Rijckaert, malade, n'avait pu se déplacer. Avec eux, les « dottori » Conconi, Ferrari, Perruzzi ont dû affronter les foudres de la justice italienne. Avec eux, les Nédélec, Mégret, Guillaume, tous des praticiens d'équipes françaises, ont fait l'objet d'accusations graves dans des procédures pénales ou disciplinaires. Le cas du Dr Gérard Guillaume, médecin de l'équipe de La Française des Jeux, ex-membre de l'encadrement fédéral et... ex-alternative officielle au dopage, a d'ailleurs été sanctionné d'un... avertissement par la commission d'appel du 21 décembre 2000, dans le cadre de l'affaire Magnien. La liste des toubibs positifs se consomme sans modération.

Oui, la plupart de ces « médecins » — mais le terme me semble inapproprié, disons « faiseurs de machines » — ont joué un rôle majeur dans l'amplification du dopage. Oui, pour en deviser bien souvent entre eux, ils ont instauré des systèmes de médicalisation plus ou moins similaires, selon les équipes. Oui, ils ont facilité l'utilisation de produits prohibés, tout ce qui créait le cercle vicieux consommation-transgression-négoce.

Le président du tribunal Daniel Delegove n'a d'ailleurs pas occulté l'importance de ceux-ci, s'attardant même sur Éric Rijckaert dont le cas avait été pourtant disjoint *« [Il] apparaît donc comme l'initiateur, le concepteur, le directeur et le contrôleur du système mis en place [chez Festina]. [...] Éric Rijckaert a dû, assuré-*

ment, conforter membres de l'encadrement et coureurs cyclistes dans leurs choix individuels quant au dopage. » Éric était un parmi d'autres.

Il me revient cette réflexion du professeur et généticien André Boué, membre du Comité de prévention de la lutte antidopage, qui, le 5 janvier 2001, expliquait ceci dans un quotidien national : « La médecine est faite pour soigner les gens, sportifs ou non. Si vous êtes blessé, votre médecin vous met en arrêt de travail et vous soigne. Chez les sportifs, c'est très rare qu'il y ait un arrêt de travail. Pourtant, ils sont salariés mais on s'efforce de les traiter pour qu'ils puissent continuer et, si possible, mieux. C'est-à-dire qu'un athlète malade et sous traitement médical peut aller plus vite qu'un non-malade. La médecine ne soigne plus ; le médecin est complice et collabore à la performance au risque de créer des troubles de santé. La médecine de la performance est une déviance non sanctionnée. L'ordre des médecins réprouve mais ne sanctionne pas. »

La sanction est d'un autre ordre : pécuniaire. Combien pour un médecin dopeur ? Selon leur réputation, cela variait entre un pourcentage prélevé sur les contrats mêmes des coureurs et des barèmes fondés sur leur présence en courses. Notre médecin flamand Éric Rijckaert était rétribué six mille francs par jour de course réglés en partie en espèces ; son confrère espagnol, Fernando Jimenez, l'était un peu moins. Rijckaert suivait plus particulièrement le groupe qui disputait le Tour de France, Jimenez s'occupant de celui qui participait aux Tours d'Italie et d'Espagne. Quand on sait qu'ils cumulaient une centaine de jours de course par saison, je vous laisse le soin de calculer... L'argent provenait tout simplement des contrats de participation consentis par les organisateurs. Ces derniers pouvaient nous verser entre quinze mille et soixante mille francs selon la qualité de l'équipe Festina alignée. Eux aussi participaient d'une certaine manière à ce système de résultats.

Si Fernando Jimenez a complètement échappé à la justice française, c'est pour deux raisons : il n'était pas sur le Tour de France 1998 et le parquet de Lille n'a jamais pu mettre la main sur... son adresse. Qu'aurait-il risqué ? Peut-être trente mille francs d'amende comme son confrère espagnol Terrados !

Je tiens pourtant à dissocier Rijckaert de Jimenez. Le premier fondait son activité sur une philosophie contestable mais cohérente, réfléchie et même... humanisée. Le second, médecin militaire à l'origine, s'avérait moins strict et moins pertinent que son confrère.

Les notions de déontologie et de devoirs sont des denrées rares chez les apprentis sorciers. L'exemple le plus probant est à mettre à l'actif de Claire Condemine-Piron. Nommée à la tête médicale de l'équipe Festina qui survécut au Tour 1998, cette Lyonnaise n'a pas tenu un an (de janvier à octobre 1999). Elle a pourtant été de la deuxième vague, celle d'une équipe aux vertus prétendument retrouvées, celle du Tour du « renouveau » clamé par Jean-Marie Leblanc, celle de l'après et du maintenant. Dans un article du *Monde* du 17 mai 2000, elle est éloquente : « Je croyais avoir affaire à des sportifs confrontés au dopage. En fait, je me suis aperçue que j'avais affaire, pour un nombre non négligeable d'entre eux, à des toxicomanes. J'étais imposée par le sponsor pour créer une structure médicale au service des coureurs avec comme tâche de prévenir le recours au dopage. Je ne sortais pas du milieu et en plus j'étais une femme. Pour les trois directeurs sportifs [Yvon Sanquer, Michel Gros et l'Espagnol Juan Fernandez], j'étais considérée comme une rivale. Dès février [1999], des rumeurs se sont répandues : le toubib renseignerait les policiers et serait une espionne à la solde du ministère de la Jeunesse et des Sports. Durant ces mois passés, j'ai vu des choses que je n'aurais jamais vues ailleurs : des jeunes soumis à de telles contraintes qu'ils en faisaient ce que nous appelons des attaques de panique ; de violentes crises d'angoisse accompagnées de douleurs thoraciques. Ces affections se développent en général avec les prises de produits. »

Claire Condemine-Piron exerce aujourd'hui à Montpellier, loin des pelotons, mais poursuit son action au sein de la Fondation Festina dont elle est la vice-présidente.

Le point fort du corps médical demeurera son esprit de persuasion auprès d'une population d'abord crédule et ignorante, puis convaincue et dépendante. Dans sa bouche, le terme de rééquilibrage se substitue à celui de dopage.

Parallèlement, je reste toujours perplexe sur l'attitude qui m'est apparue ambivalente d'un éminent scientifique : Gérard Dine.

Responsable de l'institut biotechnologique de Troyes, Dine se définit comme « le père technologique de l'unité mobile », ce camion-laboratoire dans lequel étaient effectuées les analyses hématologiques, biochimiques, immunochimiques et enzymologiques.

Au printemps 1997, Yves Gobert, responsable du

secteur compétition Élite chez Peugeot, notre fournisseur de cycles, m'avait évoqué les compétences de Gérard Dine.

« On m'a dit que c'est quelqu'un de très pointu dans le suivi médical. Je pense qu'il serait intéressant que tu le rencontres. »

Il organisa le rendez-vous selon nos souhaits. En guise de référence, Dine avait déjà œuvré dans le rugby et collaborait avec le ministère de la Jeunesse et des Sports. En juin, Michel Gros, mon adjoint, Gobert et moi-même l'écoutions faire le guide dans son laboratoire, manifestement ravi de faire étalage de son champ d'investigation.

Au cours du déjeuner qui suivit, Gérard Dine se fit très convaincant. Tel un VRP de première facture, il vanta les mérites de ses appareillages « très faciles à installer dans un véhicule de l'équipe ».

Je ne le cache pas : nous étions sortis de là impressionnés.

Le scientifique savait se vendre. Non seulement j'avais perçu son argumentaire comme une démarche commerciale, mais son langage me paraissait très ambigu. Dine pouvait nous aider dans des analyses sophistiquées en amont de la performance. En d'autres termes, sachant à qui il s'adressait, on pouvait savoir si nos coureurs étaient positifs avant une course.

« J'aimerais bien rencontrer votre médecin », avait-il ajouté.

Au retour, j'en avais alors touché un mot à Éric Rijckaert.

« Comment tu vois les choses, Éric ?

— À première vue, ça me paraît très intéressant.

Les appareils semblent performants et la personne compétente. Seulement...

— Seulement quoi ?

— Disons que je ne le sens pas trop. Ce laboratoire est en France et qui nous dit que les analyses vont rester confidentielles ? »

Accompagné de Willy Voet et malgré une certaine réticence, Éric Rijckaert se rendit tout de même à Troyes pour y rencontrer Gérard Dine. Pendant ce temps, j'avais déjà fait un peu le tour de la question. Sans avoir abordé avec lui l'aspect financier, je savais cependant que les services de Dine n'étaient pas donnés. J'avais envisagé de débloquer aux alentours de trois cent mille francs sur le budget de l'équipe pour valider cette collaboration, qui finalement ne se fit pas. Rijckaert fut plus méfiant qu'impressionné.

Mais, le plus étrange, je l'appris plus tard : Gérard Dine avait reçu les responsables du laboratoire de l'UCI... quelques semaines auparavant. Il avait proposé les mêmes services à Léon Schattenberg, lui montrant entre autres que le contrôle du taux d'hématocrite était très réducteur... et facile à contourner.

De la notoriété

« La volonté d'un assainissement général doit avoir lieu. Nous sommes là pour gagner des courses, mais pas n'importe comment. Un coureur a le droit d'être soigné mais lorsqu'il est malade, il ne court pas. Nous devons nous investir dans cette lutte contre le dopage. Le cyclisme va changer. »

Le ton était emphatique, d'une gravité solennelle. En ce jour du 18 janvier 1999, Bertrand de Gallé, le patron de La Française des Jeux, se veut déterminé. Et dans les jours qui suivirent, une charte d'éthique des sponsors fut cosignée et divulguée à grands effets de manches.

Bertrand de Gallé n'est plus à la tête de la FDJ. Et la fameuse charte, celle qui devait remettre le cyclisme sur le droit chemin, n'a pas duré plus longtemps que son discours.

L'exemple de la Française des Jeux, sponsor institutionnel, est symptomatique du rôle confus, voire opaque, joué par les investisseurs. En 1997, l'équipe dirigée par Marc Madiot remportait le classement par équipes de la Coupe du monde en grande partie grâce au renfort de coureurs évoluant dans des équipes italiennes (Gianetti, Sciandri, Vanzella). C'est ce même Mauro Gianetti qui vit la mort de très près en mai 1998 ; on parla alors de prise de perfluorocarbone.

Dans les mois qui ont suivi le scandale du Tour, trois personnalités de l'équipe française à trois niveaux de compétence différents ont été mêlées aux affaires. Et pas des moindres : le directeur sportif Marc Madiot, figure emblématique, le soigneur Joseph d'Hont, dit Jeff et monument d'expérience dans les « soins » à prodiguer, et le coureur Emmanuel Magnien, leader de l'équipe de France au Mondial 1998 à Valkenbourg.

Marc Madiot a essuyé plusieurs gardes à vue dans des affaires différentes et a été considéré comme « le miraculé du dossier » dans l'affaire Festina ; Magnien, un ex-Festina, a écopé d'une suspension de trois mois durant l'hiver 2000 (pour usage de corticoïdes) et a été largement écorché dans les livres de Willy Voet (*Massacre à la chaîne*) et de Jérôme Chiotti (*De mon plein gré*) sans que ses plaintes en justice lui donnent raison ; enfin, Jeff d'Hont, le « maître » de Willy, a écopé de neuf mois de prison avec sursis et vingt mille francs d'amende en dépit de ses dénégations. Qu'ont décidé les patrons de la FDJ, les adeptes d'un « assainissement général » et d'une charte de l'éthique ? Madiot est toujours directeur sportif, Magnien toujours coureur et d'Hont, qui a fait appel au jugement, toujours soigneur.

Poil ras, torse en granit et petits yeux fixes, Jeff d'Hont est un véritable mur sur lequel toutes les interrogations du président Delegove ont rebondi à l'automne 2000. À l'opposé de l'attitude fuyante de Terrados, ce Flamand au verbe rocailleux a été le seul à résister pied à pied aux évidences, quitte à sortir de gros mensonges. Glaive, oui, « balance », jamais.

Au moment du procès de Lille, le soigneur flamand a trente-sept ans de « massages » derrière lui. Quand il a débuté dans le métier en 1964, Madiot avait cinq ans. C'est chez Telekom, où Madiot terminait sa carrière, que les deux hommes se sont rencontrés. Débauché de l'équipe allemande, d'Hont a été nommé par Madiot comme « *le Monsieur dopage de cette équipe [La Française des Jeux]* », écrit Daniel Delegove dans son résumé des faits précédant le jugement.

Seulement, face au feu des accusations d'Erwann Menthéour, de Thomas Davy, de Christophe Mengin, de Frédéric Guesdon, du médecin Stefan de Bock et même de... Madiot et Magnien, d'Hont tient gaillardement sa ligne de conduite. Dans son compte rendu, le président Delegove l'épingle cependant en flagrant délit de mensonges répétés. « *En déclarant qu'il n'était pas dans la chambre d'Erwann Menthéour lors des premiers contrôles sanguins* » quand le coureur, assisté du docteur italien Massimo Testa, tentait de faire baisser son taux d'hématocrite ; « *en assurant au juge d'instruction comme aux policiers qu'il n'avait jamais pratiqué aucune injection* » alors que « *plusieurs témoignages l'ont démenti* ».

Comment expliquer que tous ces gens aient pu passer à travers, si ce n'est en profitant de l'envergure d'un sponsor institutionnel qui a pu aider à faire... avaler la pilule ? Comment interpréter la venue en hiver de Jacky Durand — un homme charmant au demeurant — dans l'équipe, bien qu'il ait été déclaré positif en 1996, sinon qu'en ayant un autre trou de mémoire ? Cette mansuétude va-t-elle se prolonger indéfiniment ?

En février 2001, le nouveau patron de la FDJ, Christophe Blanchard-Dignac, se posait la question : « J'ai besoin d'un délai de réflexion parce que je dois avoir la conviction que l'argent de la société que je préside est judicieusement employé. Si je n'ai pas cette conviction, je ne pourrais pas la faire partager à mon conseil d'administration et par mes actionnaires. Or, si j'ai une grande sympathie pour le vélo, comme tout le monde, je me pose des questions sur ce qu'il faut bien appeler le côté obscur du cyclisme et notre capacité à lutter efficacement et sans retenue contre le fléau du dopage. »

Tiens, comme Bertrand de Gallé deux ans plus tôt.

Prisonnière d'une stratégie d'entreprise et de l'image qu'elle est venue chercher dans le cyclisme, La

Française des Jeux a, comme d'autres, et bien involontairement, placé des sommes colossales entre des mains qu'elle ne contrôle pas, sans trouver l'élégant moyen de les reprendre. Le sponsor se retrouve alors face à un dilemme que j'ai bien connu chez Festina : tout stopper ou poursuivre. Comme me l'avait confié Miguel Rodriguez en 1993, quand il avait songé à quitter le cyclisme après les déboires connus sur le Tour d'Italie : « Je n'aime pas m'arrêter sur un échec. Pas question de sortir par la petite porte. »

Du silence

Si les directeurs sportifs ont vu leur rôle s'amenuiser depuis l'arrivée du monde scientifique, ils font quand même entendre leur voix dans certains faits de course. Aux championnats du monde, par exemple. Foin de l'hypocrisie : pour servir leur seule source financière, le sponsor, ceux qui emploient des coureurs issus de différents pays développent une stratégie parfois contraire à celle mise sur pied par leurs homologues nationaux d'un jour.

Moi aussi, j'ai été confronté à ce problème. Une équipe de marque importante est polyglotte et Festina l'était. Impossible, dès lors, d'empêcher des collusions entre des hommes qui portent le même maillot toute l'année.

Ainsi, lors des victoires de Luc Leblanc à Agrigente en 1994 et de Laurent Brochard en 1997 à San Sebastián, qui battaient sous pavillon Festina, je n'ai pas hésité à user de mon téléphone portable pour donner mes directives à mes coureurs, au nez et à la barbe du sélectionneur national qui avait établi son plan.

À la veille du Mondial de San Sebastián, j'avais communiqué avec Brochard.

« Tu marches du feu de Dieu, tu es un *outsider* protégé et tu peux être champion du monde demain si tu sais être opportuniste. Laurent Jalabert [qui avait gagné le contre-la-montre trois jours plus tôt] aura une énorme pancarte de favori dans le dos. Pour sortir du lot, il ne devra pas être un peu plus fort que les autres mais très, très fort ! S'il parvient à être devant, tu prends prétexte de l'intérêt national pour ne pas rouler ; s'il est derrière, tu ne roules pas plus pour la même raison. Dans les deux cas, tu te fais emmener sur un plateau. À toi alors de jouer ta carte... »

Je ne me considère pas comme un fin stratège, mais le film devint réalité, comme cela avait été le cas trois ans plus tôt avec Luc Leblanc. Mais si les circonstances de la course l'avaient nécessité, le succès d'un Suisse ou d'un autre aurait tout autant satisfait l'employeur. D'ailleurs, dans le final de San Sebastián, il était hors de question de voir un Laurent Dufaux rouler derrière Laurent Brochard. Dans un Mondial, le business a toujours pris le pas sur le drapeau. Je suis loin d'avoir été le seul directeur sportif à agir ainsi.

Au matin de la 3e étape Roscoff-Lorient du Tour 1998, Jean-Marie Leblanc me fit appeler dans un mobile home du village-départ. Ballotté par les premières secousses de ce qu'on appela l'affaire Festina, le Tour 1998 venait de poser ses pieds en France en provenance d'Irlande. Plus question de laisser le phénomène prendre de l'ampleur. Le directeur général du Tour alla droit au but.

« Bruno, ce serait bien que vous vous retiriez du Tour de France. Tu comprends, c'est en train de mal tourner. Ça va nuire à l'image du vélo, du Tour.

— Pas question. Je ne vois pas pourquoi l'équipe et le sponsor paieraient les pots cassés.

— Bon, écoute : appelle Miguel [Rodriguez] et parle-lui-en. »

Ce que je fis par correction, une fois la course lancée. Au bout du fil, la réponse du patron de Festina fut conforme à ce que j'attendais.

« Non mais il rigole ou quoi ? Qu'il aille se faire voir ! Il n'y a aucune raison pour qu'on trinque pour tout le monde. On va jusqu'au bout. »

Ainsi dit, je montai à la hauteur de la voiture de direction de course qui transportait Jean-Marie Leblanc pour lui signifier la réponse de mon sponsor... et du sien puisque Festina était, et est toujours, le chronométreur officiel du Tour.

Le lendemain, lors de l'étape Plouay-Cholet, où m'attendra discrètement un petit comité d'accueil personnalisé mais fort courtois, j'eus la preuve de la collusion troublante entre le patron du Tour et... Roger Legeay. Je m'explique : au cours de l'étape, mon adjoint Michel Gros me contacta par la radio interne :

« Dis, un directeur sportif est venu me voir pour me dire que Legeay est en train de passer en revue toute la file des voitures suiveuses. Il demande à ce que tous fassent pression pour pousser Festina dehors.

— Tu es sûr ?

— Et comment que j'en suis sûr ! Il va même aborder les adjoints. »

Mon sang ne fit alors qu'un tour. Comme aux championnats de France de l'année précédente à Montlhéry, je me portai à sa hauteur :

« Mais qu'est-ce que tu es en train de faire là ?

— Comment ça ?

— Oui, ton manège pour nous mettre dehors...

— C'est dans l'intérêt du vélo. Vous êtes des tricheurs et il n'y a pas de raison qu'on paie pour vous.

— Écoute, si l'équipe Festina est vraiment dans la merde, c'est tout le cyclisme qui sera dedans. Ce n'est pas à toi que je vais apprendre qu'on vit tous la même chose. »

Le Tour continuait sa route avec son fardeau encombrant. Alors que j'étais placé en garde à vue dans un commissariat de Cholet, le représentant de Festina rencontra le conseil français des coureurs de l'équipe, qui était toujours dans les parages en compagnie d'autres membres de l'encadrement. Mis au parfum de la manœuvre menée par Legeay, l'avocat parisien se fit alors très précis :

« Legeay, je sais comment le faire stopper. Quand vous irez le voir, dites-lui un mot, un seul. Ou plutôt un nom. »

Et en effet, Roger Legeay s'arrêta tout net.

Pour être passé par toutes les strates du cyclisme, Roger Legeay en a drainé tous les tabous. Ancien coureur professionnel (de 1973 à 1982), positif (en 1974 sur Paris-Nice), directeur sportif de coureurs déclarés positifs (Gaumont, Desbiens) ou radiés à vie après cinq contrôles positifs (le Danois Kim Andersen, en 1988), employeur de médecins mis en cause dans diverses affaires (François Bellocq, l'apôtre du rééquilibrage hormonal, exclu de la commission médicale fédérale, puis Patrick Nédélec), il a adopté la politique de l'autruche de ses pairs, du style « je sais comment ça se passe mais je ne veux pas le... savoir ». Son esprit politicien et carriériste l'a amené à porter de nombreuses casquettes qui le firent un temps manager d'une équipe, président de la Ligue du cyclisme professionnel français, et de fait vice-président de la FFC, président de l'AC 2000 (l'association nationale des groupes sportifs français), président de l'AIGCP (l'Association internationale des groupes cyclistes professionnels) et... chef des amis de Jean-Marie Leblanc. Pas mal pour un seul homme. Pas mal pour jouer les vases communicants.

Ces passerelles n'ont toutefois pas été du goût de tous ses congénères. Fin 1993, alors que le mandat de président de l'AIGCP venait à son terme, Roger Legeay n'avait pas été reconduit dans ses fonctions, le vindicatif Espagnol Victor Cordero lui ayant été préféré. Bon nombre d'équipes italiennes et espagnoles l'estimaient trop proche de la STF comme de l'UCI, et son action n'avait pas franchement servi les intérêts des groupes sportifs.

Au final, le nouveau président de cette association est celui qui a eu maille à partir avec la STF, à savoir Manolo Saiz. Un choix légitime : même virulent, voire indécent parfois, l'Espagnol est avant tout un homme d'idées, de convictions, de contre-pouvoir.

Bref, c'est un témoin incarnant l'histoire des pelotons de ces trente dernières années qui se présenta à la barre du tribunal de Lille, le 31 octobre 2000. Par chance, il passa le dernier en début de soirée, évitant ainsi le feu des médias. Par malheur, il tomba sur un Daniel Delegove excédé par les cinq heures de joute qu'il avait eues avec Hein Verbruggen. Un président d'autant plus sur les nerfs que Roger Legeay adopta d'entrée une attitude éculée et déjà entendue. « Je n'accepterai jamais le principe du tous pourris, tous dopés. C'est une erreur de jugement. »

Face à Delegove, parler d'erreur de jugement se révéla une faute de goût. Que le magistrat s'empressa de lui faire ravaler. Tout en sortant l'extrait de son procès-verbal établi en avril 1999, quand Legeay fut convoqué par le juge d'instruction Patrick Keil, Delegove lui rafraîchit la mémoire : « Là, vous parliez de la généralisation du dopage. Expliquez-nous, expliquez-nous... »

Alors, une petite heure durant, le Sarthois s'emberlificota dans une argumentation vaseuse, évoquant « une erreur de jeunesse » sur Paris-Nice 1974, parlant de « moments de faiblesse » en référence à ses anciens collaborateurs fautifs.

Il tenta bien de prouver sa bonne foi en montrant une lettre écrite de la main de Chris Boardman qui criait tout son bonheur d'avoir travaillé avec lui mais, déjà, le président Delegove ne l'écoutait plus vraiment. Il en avait assez entendu. Même la sortie de Legeay fut piteuse.

Je ne suis probablement pas meilleur que Legeay ou Madiot mais eux n'ont fait que perpétuer un mutisme coupable qu'on appelle omerta.

Concernant l'ancien vainqueur de Paris-Roubaix, j'ai encore en tête un événement anodin pour lui, effarant pour moi et mon épouse. En 1991, peu avant le

Tour de France, Marc Madiot était venu à mon domicile de Créteil d'où nous devions partir plusieurs jours pour disputer une course à étapes. Il avait laissé un sac sombre près de la fenêtre de la salle à manger. Un matin, Gwénhaëlle traversait la pièce quand Valentin agita la main :

« Maman, tu veux bien me l'ouvrir ? »

En position accroupie, notre fils tenait une fiole près de sa bouche ! Fort heureusement, il n'était pas parvenu à la décapsuler.

« Ce n'est pas bon, Valentin, ce n'est pas bon, balbutia-t-elle, horrifiée. Mais où as-tu trouvé ça ?

— Ben là. »

Et de montrer le sac. À l'intérieur, une trentaine de fioles étaient enfouies sous des maillots et des cuissards. Valentin avait cinq ans.

À leur niveau respectif, Roger Legeay et Marc Madiot, les premiers à avoir tiré sur l'ambulance Festina en 1998, pensent avoir connu les époques du « bon » dopage, celui des amphétamines puis des corticoïdes, mais réprouvent le « mauvais », celui injecté par les scientifiques, qui n'est plus de leur temps. En pointant du doigt l'EPO, ils veulent faire oublier le leur, moins pernicieux à leurs yeux. Comme leurs devanciers, ceux qui ont été surnommés « les ponce-pilate » par le président Daniel Delegove éjectent le lampiste en cas d'orage, les exemples traversent les âges. Le vice a grandi en eux, c'est ainsi, avant d'être transmis aux générations suivantes.

De l'argent

En 1998, les coureurs professionnels ont manqué une opportunité historique : celle de se débarrasser des vieux démons qui les hantent plus qu'ils ne les transcendent. Pression policière, pression de la justice, pression médiatique, pression morale : les conditions étaient pourtant réunies pour rompre leur pacte avec le diable. Comment ? Non en fuyant par vagues un Tour à la dérive mais en faisant front, bravement, collégialement. Ils auraient dû ravaler leurs peurs et leurs angoisses pour se présenter unis devant les caméras un matin de départ d'étape. Pour reconnaître qu'ils se « préparent », qu'ils ne peuvent plus faire autrement, qu'ils sont à bout. Et dire pourquoi.

Ils n'ont rien fait. Parce que les tabous sont plus forts que les consciences ; parce que la culture de l'individualisme forcené sabre leurs états d'âme ; parce que l'AICPRO (Association internationale des coureurs professionnels), leur syndicat, est inexistant ; parce qu'ils sont livrés à eux-mêmes, sans sécurité de l'emploi. Parce que leur faiblesse fait la désunion. Au bénéfice des gouvernants.

Rappelez-vous leur dernière grève solidaire. Elle remonte à Pau, sur le Tour de France 1990. Les coureurs avaient tenu tête contre le port obligatoire du casque, une opposition qui n'était d'ailleurs pas réfléchie à mon sens. Pendant une heure, ils n'avaient rien lâché à l'organisateur quand un colonel de gendarmerie intervint auprès de Jean-Marie Leblanc :

« Ça fait une heure que je bloque les routes. Maintenant, c'est simple : soit vous lâchez vos coureurs, soit je rouvre les accès à la circulation... »

À tort ou à raison, les coureurs avaient eu gain de cause. Qu'ils peuvent obtenir d'ailleurs par n'importe quel moyen.

Le témoignage de Jean-Christophe Currit (*Paris-Match*, avril 1999) dépasse de ce point de vue tout ce que j'avais pu entendre, lire ou même imaginer. L'ancien coureur du Gan explique « ce qu'il faut faire pour qu'il y ait une erreur de procédure dans l'exécution du contrôle antidopage : un courrier mal adressé, une étiquette qui se décolle de la fiole, un flacon qui s'égare... une erreur humaine. Je connais le prix de celle-ci : en 1995, le tarif était de quarante mille à soixante mille francs. » À qui allait cette somme, sachant qu'un contrôle de ce type est supervisé par un médecin délégué par le ministère de la Jeunesse et des Sports et un contrôleur UCI ?

Pour en revenir au Tour 1998, il m'avait paru affligeant que la défense des coureurs ait été mise entre les mains de Bjarne Riis. Le Danois avait pour lui sa grande gueule et sa victoire dans le Tour 1996, mais pas vraiment son sens de l'altruisme : il avait été le seul à réprouver le mouvement spontané des coureurs neutralisant l'étape de montagne le lendemain du décès de Fabio Casartelli, en 1995. Pourquoi ? Parce qu'il sentait Miguel Indurain prenable...

Le chaos qui s'empara de l'esprit des coureurs du Tour 1998 se retrouve finalement dans cette phrase sibylline de Mario Cipollini parue dans *L'Équipe* : « Nous sommes des chiens abandonnés. »

Que voulait dire le sprinter italien ? Ce n'étaient pas des mots de désolation, mais un cri de détresse. Les coureurs vivaient alors en plein désarroi. Ils connaissaient la règle du jeu, être dopés mais pas positifs, tout comme les notices d'emploi. Et à quoi bon avoir une « centrifugeuse » individuelle si ce n'est pour vérifier son taux d'hématocrite ?

Seulement, la règle du jeu venait d'être modifiée en pleine partie ! Le patron ne s'appelait plus Verbruggen ou Leblanc mais SRPJ ou TGI. La bulle sportive venait de crever au contact de l'aiguillon policier. Dès lors, les coureurs n'étaient plus défendus, ne savaient plus vers quoi se tourner, criaient au secours, dénonçaient la presse. Et personne n'a tendu la main.

Mais qui avait envie d'être secourable ? Quel patron réclame un syndicat ?

J'ai toujours admiré les coureurs. Faire la bagarre sur cinq cols en 250 kilomètres et recommencer le lendemain relève d'un courage inouï. Leur force de caractère m'a toujours bluffé. Sur un vélo.

Une fois descendus, ils redeviennent de bien piètres mortels, comme tous les sportifs épinglés, du reste. Lorsqu'ils sont déclarés positifs, ils adoptent unanimement la même attitude : soit ils ont été dopés par ignorance ou à leur insu, un terme qui valut bien des misères à Richard Virenque. Aucun (sinon Jérôme Chiotti) n'assume sa faute et tous fuient leurs responsabilités. Grands dans leurs exploits, tout petits dans leurs êtres. Dès lors, comment débloquer la situation ?

La logique perverse des coureurs s'est d'ailleurs

retrouvée dans le franc-parler de l'un d'eux. Le 15 mars 2001 dans *L'Équipe*, à la question de Jean-Luc Gatellier qui lui demandait sa réaction sur le comportement de Virenque, Philippe Gaumont eut le mérite de dire tout haut ce que les autres pensaient tout bas : « Richard a eu raison de ne pas avouer en 1998. Finalement, le plus intelligent, c'est lui ! S'il n'a pas parlé, c'est d'abord pour ne pas perdre d'argent. Au bout du compte, il s'est assuré deux années de contrat en Italie avec Polti. Il a été beaucoup plus malin que ses équipiers de l'époque [qui avaient reconnu l'usage de produits dopants]. Après tout, si on fait du vélo, c'est d'abord pour gagner notre vie. »

Ainsi, ils s'autodétruisent parce qu'ils vivent en vase clos. Très souvent, un coureur professionnel devient mécanicien, masseur, chauffeur pour « VIP », chargé de relations publiques ou directeur sportif. Cette consanguinité anesthésie leur libre arbitre. De fait, ils contribuent à entretenir cette « dynamique » de la culture dopante qu'ils minimisent d'une voix concordante. Il n'y a que là qu'on les retrouve unis : dans la dénégation, le refus de s'en sortir.

Ils profitent des rares aubaines qui se présentent pour assurer un semblant d'équité sportive : le Tour de France 2000 cherchait désespérément un Français vainqueur d'étape après la disette de l'année précédente (ce qui ne s'était plus produit depuis... 1926). Aussi, pour contredire l'idée d'un cyclisme à deux vitesses, ils avaient tout intérêt à laisser filer Christophe Agnolutto vers une victoire d'étape à Limoges. Auparavant, ils n'avaient rien eu non plus contre l'idée d'un Christophe Bassons, surnommé « Monsieur Propre », s'imposant sur une étape du Critérium du *Dauphiné libéré* 1999. Et Dieu sait s'ils ne portent pas le Mazamétain dans leur cœur...

Les coureurs sont coupables, comme je l'ai été, parce qu'ils sont maîtres de leur vie, responsables de leurs actes ; coupables parce qu'ils n'ont pas attendu le directeur sportif pour acheter et vendre une course ou le médecin d'équipe pour se procurer leur pharmacie ; coupables parce qu'ils en tirent gloire et argent. Victimes de la griserie des médias, du système, du profit. Mais surtout victimes de leur culpabilité.

Si je m'en tiens aux faits, nous n'avons donc été que trois à avoir enfreint la loi : Éric Rijckaert, Willy Voet et moi-même. Soit respectivement trois mois, seize jours et onze jours de prison. On a porté le chapeau ; on a morflé vis-à-vis de nous-mêmes, de nos enfants, de nos familles, de nos voisins, de l'homme de la rue. Parmi les coureurs, qui a téléphoné à Willy ou à moi-même ? Qui a pris la peine de parler à Éric Rijckaert ?

Éric Rijckaert s'en est allé le 26 janvier 2001. Le Flamand n'était pas seulement un médecin dopeur ; il était d'abord un généraliste apprécié dans sa petite ville de Zomergem.

Pour avoir retardé ses aveux, Éric Rijckaert s'est condamné une première fois : il a passé trois mois en prison à Douai, de juillet à octobre 1998. Un séjour pendant lequel une douleur sourde est née dans sa poitrine. Un cancer pulmonaire s'est déclaré, qui allait bientôt se généraliser. Il a payé sa faute de sa vie.

Même lors du procès Festina, on lui reconnut des circonstances atténuantes. Dans un monde d'excès, le « docteur Punto » poussait à la modération et les experts médicaux ont même parlé d'un « programme médical réfléchi ».

Durant son calvaire, j'ai eu l'occasion de le revoir deux fois. La première, le 10 novembre 2000, dans l'après-midi qui suivit la fin des audiences du procès. Son épouse Anne-Marie m'avait ouvert la porte pour me diriger vers le salon. Je l'ai d'abord entendu venir : Éric m'avait rejoint dans une chaise roulante. Son visage était bouffi, énorme. Dans cet homme, je cherchais un indice, un souvenir. Je l'ai trouvé, non pas dans ses yeux exorbités, mais dans son regard. En croisant le mien, il avait compris que je ne l'avais pas reconnu. Et j'ai compris qu'il avait compris.

Nous sommes restés trois bonnes heures ensemble à deviser de tout et de rien. Il parlait de manière audible, plaisantait même. On se repassait le fil de nos conversations d'avant, le soir, quand le stress retombait. Il évoqua son confrère et compatriote Van Mol, le médecin de la Mapei (de Domo maintenant) avec lequel il partageait la même vision des choses. Parfois, le filet de sa voix se coupait, me ramenant à mon malaise. Il savait sa fin proche, il le disait : « Je suis médecin tout de même... » Mais ce n'est pas ce qui l'accablait le plus. En un an de combat, pas un coureur ne s'était manifesté. Pas une lettre, pas un coup de fil, pas un signe. Remarquez, il n'en voulait à personne car le crépuscule diffuse lui aussi une lumière sur le sens des choses et des hommes. Pour autant, sa réflexion déchire encore ma poitrine.

« Tu sais, on m'a tout pris : mon honneur, ma santé et bientôt ma vie. C'est triste de finir comme ça. Je n'ai pas la chance que vous avez. Je n'ai plus le temps de rebondir, de me réhabiliter. »

Voilà quelle était sa plus grande souffrance.

Je l'ai revu une deuxième fois, le 22 décembre, dans la foulée du jugement de Lille. Son épouse m'avait prévenu. C'est vrai, il n'était plus le même. Éric avait méchamment décliné. Il comprenait ce que je lui disais à l'oreille mais éprouvait mille difficultés à me répondre, à construire une phrase, à rassembler le puzzle de ce qui lui restait de vie. Entouré de Tom, Niki et Lode, ses trois enfants, et de son épouse, il avait demandé qu'on sorte une bouteille de bourgogne et ses yeux avaient pétillé quand je lui avais dit qu'il possédait une bonne cave. Il en avait bu deux verres mais il était temps de partir. Éric se fatiguait et son épouse m'avait reconduit à la porte.

« Vous me préviendrez, madame, quand... »

Mme Rijckaert m'appela un mois plus tard.

L'enterrement eut lieu dans sa bonne ville de Zomergem, le 3 février 2001. L'église n'avait pu rassembler tous les visages en deuil, refoulant la plupart sur ses flancs, sous une pluie lancinante. Un millier de personnes s'étaient déplacées, des patients pour la plupart, qui honoraient la mémoire d'un médecin de famille.

Dans cette foule silencieuse, je n'avais reconnu que trois têtes : celle de Willy Voet, en larmes ; celle de Richard Virenque, tout aussi éplorée ; et un mécanicien belge, Roger Danys. Voilà ce qui restait de ses années passées à Tulip Computer, à PDM, à Festina. Un deuxième et dernier coureur s'était manifesté : Laurent Dufaux avait envoyé une lettre d'excuse à la famille.

Au cours de l'office catholique, une seule phrase en français avait été prononcée : « J'ai fait des choix, je me suis peut-être trompé. Je pardonne à ceux qui ont pu me faire du mal. »

Éric avait tout préparé : les chants de la chorale, les places attribuées dans l'église, les plans de tables du déjeuner qui suivit. Une soixantaine de personnes y avaient été conviées. Je m'étais retrouvé avec quatre de ses premiers copains, qui ont évoqué leurs quatre cents coups d'étudiants, leur stage d'internes au Maroc, leur traversée de la France en DS...

Je revoyais Éric. Je le revois encore. Son discours était rassurant. Je pense qu'il était profondément sincère dans son souci sanitaire. Il s'est trompé. Moi aussi. Je l'ai reconnu, il est parti avec. Ce que nous pensions être une alternative était une erreur. Je croyais que rien de fâcheux ne pouvait nous arriver sous son contrôle. Je croyais que les coureurs ne l'abandonneraient pas comme ça.

Du mythe

« Les journalistes de sport ont choisi cette spécialité par passion. Dès que leur mission d'information leur impose d'abandonner le terrain pour le laboratoire, dès qu'il s'agit de tuer le rêve pour réveiller les consciences, c'est un peu d'eux-mêmes qu'ils assassinent. »

Cette réflexion, parue dans le quotidien *Sud-Ouest*

sous la plume d'Hervé Mathurin, est celle d'un journaliste de cyclisme, d'un passionné qui a eu l'honnêteté et le recul suffisant pour dépeindre une situation embarrassante.

Dans le lot, ils sont quelques-uns à s'être remis en question, à ne plus cautionner la mascarade à coups d'exclamations habituelles et d'émotions factices ; quelques-uns à être capables de s'interroger. Il n'est pas facile de renier son passé. Pour preuve, l'affaire Festina, salutaire, a été éventée par des reporters émanant d'autres services.

À l'intérieur du microcosme sportif, ceux qui ont eu le cran de faire leur métier, de procéder à des investigations, s'exposaient à un malaise intérieur, à une mise en quarantaine (Alain Vernon de France 2 par exemple), voire à l'exclusion du monde dans lequel ils gravitaient.

Il s'agit là d'un constat, pas d'un règlement de comptes. Mais pour certains, qui se complaisent dans le milieu, le code de déontologie de la presse — si tant est qu'ils s'en inquiètent — se heurte à leur conformisme. Écrire ce qu'ils savent serait décrire où ils sont. C'est la presse spécialisée que je mets en cause pour sa passivité, son esprit de copinage et ses connivences avec le milieu.

Je ne veux pas m'étendre sur ce point. Seulement prendre deux exemples de partialité. Il ne se passe pas un mois sans que l'éditorialiste de *Vélo Magazine* s'enferre dans une contradiction perpétuelle. Il piaille l'authenticité de son fonds de commerce tout en dénigrant ceux qui sont plus regardants sur la marchandise. Ce faisant, il ne peut s'empêcher d'évoquer un sujet qu'il aimerait tant éviter.

Second exemple, l'attitude de *L'Équipe*. On le sait,

c'est dans le but affiché de vendre ses journaux que son ancêtre *L'Auto* créa en 1903 le Tour de France. Appartenant au groupe Amaury (comme la STF ou *Vélo Magazine*), *L'Équipe* a toujours eu bien du mal à convaincre de son indépendance à l'égard de la Société du Tour de France. D'ailleurs, depuis quelques mois, cet unique quotidien sportif français est désormais bien silencieux. Et peut même faire preuve de subjectivité suspecte. Au point d'écrire le 25 avril 2001 à propos de Jean-Marie Leblanc : « Que sait-il des pratiques dopantes, lui qui ignorait tout de l'EPO en 1998 ? » Enfin, comment interpréter le récent licenciement d'un journaliste de la rubrique cyclisme de *L'Équipe*, qui avait fait de la lutte antidopage son credo ?

Ne pas scier la branche sur laquelle ils sont assis, voilà bien un réflexe de survie. Car la branche en question est vermoulue, pourrie ! Et tombera avec eux.

Un témoin de moralité, Antoine Vayer, a même expliqué à la barre du tribunal de Lille que des journalistes de complaisance « servaient de relations publiques aux coureurs », partageant leur mode de vie et même plus quand affinités.

J'en ai connu qui étaient trop heureux de côtoyer des vedettes pour ne pas se froisser avec elles. À l'image des directeurs sportifs, ils retranscrivaient alors ce qu'ils voulaient bien voir, fermant les yeux là où la curiosité, une qualité dans cette profession, aurait dû les leur faire ouvrir.

Dans son compte rendu du jugement de l'affaire Festina, le président Daniel Delegove avait d'ailleurs réservé quelques lignes à l'adresse d'une presse bien conciliante : « *Les commentaires sportifs en ce qu'ils ne prennent pas en compte l'influence déterminante des produits dopants, sont obsolètes et frappés d'inanité : ils décrivent une compétition en feignant d'oublier les facteurs essentiels qui expliquent son déroulement. [...] Le statut de journalistes de ceux qui en assurent le commentaire emporte sans aucun doute obligation pour ceux-ci de révéler au public les tricheries dont l'exercice de leur métier leur fournit l'occasion d'avoir connaissance au lieu de se cantonner dans la célébration emphatique et extatique d'exploits présentés comme à l'abri du soupçon.* »

Un commentaire ?

Organigramme des instances sportives du cyclisme

Le tableau ci-contre témoigne des liens qui existent entre les trois instances majeures qui gouvernent le cyclisme. La toile d'araignée qui raccorde l'UCI, la FFC et la STF est un réseau de vases communicants qui renforce leurs intérêts communs. Plus facile dans ces conditions de se renvoyer des ascenseurs...

Ce tableau, qui dépeint la situation fin 1998, a subi deux retouches depuis : Jean-Claude Killy a été remplacé fin 2000 par Patrice Clerc à la tête de la présidence d'ASO tandis que Daniel Baal, toujours vice-président de l'UCI, a laissé son fauteuil de président de la FFC à Jean Pitallier en mars 2001.

Organigramme des instances sportives fin 1998

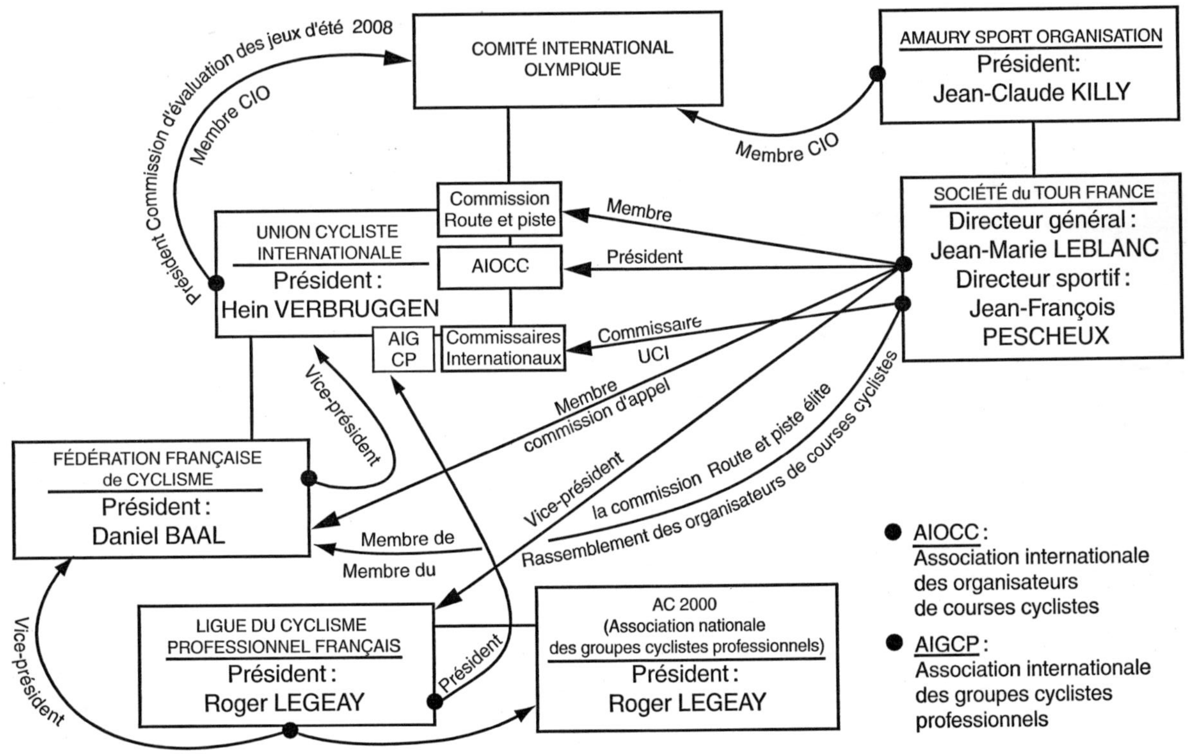

8

Fin de cycle
(ou quinze propositions pour en sortir)

« Ce procès est utile. » C'est Hein Verbruggen qui, sans rire, l'a proclamé le 6 novembre 2000 alors que les débats touchaient presque à leur fin. Utile pour quoi, pour qui ?

Depuis plus de sept mois maintenant, les gouvernants n'ont toujours pas levé le plus petit doigt face au fléau numéro un de ce sport. Qu'aurait-on dit si ceux de notre pays n'avaient rien tenté contre le chômage ? L'absence de démocratie — ils s'élisent entre eux — et d'alternance les conforte dans leur immobilisme.

Face au fiasco général des instances, incapables d'endiguer le drame — car c'en est un, on verra pourquoi —, les mesures à mettre en place ne manquent pas. Certaines sont prioritaires et urgentes. Les dangers sanitaires encourus par les coureurs qui font dépendre leur sort du dopage de manière empirique et systématique sont en effet alarmants.

Au cours du procès Festina, les démonstrations des experts ont mis en lumière les effets pervers de la consommation effarante par les coureurs de produits médicamenteux. Faisant référence aux seules doses d'EPO absorbées par Richard Virenque lors du Tour 1997 — l'unique coureur prévenu au tribunal et dont le suivi dopant était consigné dans les carnets de Willy Voet —, les experts n'ont pas manqué de s'inquiéter :

« Ça paraît beaucoup trop. Il n'aurait pas fallu que ça dure plus longtemps. »

Reconstituant la chaîne des programmes de dopage et la superposition médicamenteuse (EPO, hormones de croissance, corticoïdes, anabolisants, sans oublier pour certains l'héroïne, la cocaïne, les amphétamines, les antalgiques et la caféine qui sont contenus dans le célèbre pot belge), ils ont affirmé que les coureurs allaient tout droit à leur perte. « La durée de vie moyenne des sportifs est effrayante par rapport à la population », a expliqué Gilbert Pépin, toxicologue de renom. « Au-delà de la prise simultanée de trois médicaments, les réactions chimiques sont telles que personne ne sait plus ce qui se passe dans les organismes, a relevé pour sa part Marc Devaux, expert en toxicologie à la cour d'appel de Paris. Or, les coureurs en prennent plus de dix par jour... » Et de passer sur les atrophies osseuses, embolies et autres thromboses qui guettent les inconscients.

« Jamais il n'a été administré, dans un protocole thérapeutique, à un même sujet, autant de médicaments dont certains, aux effets puissants, ont été pris à des posologies supérieures à celles appliquées au cours de traitements », a relevé pour sa part le Pr Michel Audran. « EPO, trois à quatre fois les doses thérapeutiques ; testostérone, vingt, trente, voire quarante fois les doses utilisées en médecine... Tout cela, à long terme, a sans aucun doute des effets gravissimes en termes de cancers, d'hépatites », a renchéri le Dr Patrick Laure. La conclusion du président Delegove a été sans appel : « *À l'échéance de plusieurs années, les experts unanimes estiment que des risques existent quant à l'apparition d'affections graves, voire à la survenance de décès précoces. [...] Les instances du cyclisme [...] ont-elles eu une conscience suffisamment forte de ces risques sanitaires ? Certains écrits donnent à le penser.* » Et pendant que l'abomination se propageait, Hein Verbruggen se sentait-il « utile » ?

Le procès Festina ne fut donc pas celui des tricheries dans le sport mais bel et bien celui du sport spectacle. Du flagrant délit de Willy Voet aux irresponsabilités des décideurs, il y a eu duperie à tous les étages. Le système pyramidal repose sur les ambiguïtés de chacune des parties, leur incapacité avérée et leur refus d'une remise en cause. À l'heure où la société réclame transparence et éthique chez les hommes au pouvoir, une révolution « contre-culturelle » paraît incontournable.

Il n'est désormais plus acceptable d'accorder un blanc-seing aux responsables du monde cycliste. Mais pour les placer devant leurs véritables responsabilités, la réponse sera politique ou ne sera pas. L'action doit être menée sur trois axes principaux : l'aspect pédagogique, l'aspect répressif et la recherche, le tout conduit par une volonté politique commune au niveau européen. Cet interventionnisme, et non cette ingérence, est nécessaire car il s'agit d'un problème de santé publique.

Certains me diront que je suis mal placé pour

juger. Bien au contraire : j'ai la prétention de connaître ce milieu dont je suis désormais sorti en m'étant déclare responsable et coupable, ce qu'aucun autre n'a osé avouer.

Mon passé d'éducateur a certainement joué dans ma prise de conscience. Car avant d'être le « gros méchant » directeur sportif de Festina que certains ont décrit, j'ai surtout œuvré à tous les échelons inférieurs. Coureur amateur (une sélection en équipe de France, une cinquantaine de succès), major de promotion dans l'obtention de mes brevets d'État, j'ai ensuite créé avec le Dr Gérard Hochard une société de tests médico-sportifs au sein de laquelle j'étais l'entraîneur d'athlètes tous sports ; puis j'ai dirigé la section cyclisme de l'US Créteil avant d'entamer mon circuit chez les professionnels en 1990, aux côtés de Paul Köchli, chez Helvetia.

Ça ne s'oublie pas. Pas plus que l'éducation inculquée par une famille attachée aux valeurs humaines et à un cyclisme authentique. Mon père fut par exemple un dirigeant réputé pour sa droiture. Ancien entraîneur de l'équipe de France juniors, ancien conseiller technique régional, il fut mis à l'écart en raison d'un différend avec le directeur technique national de l'époque sans pouvoir se défendre.

Voilà pourquoi je peux me permettre de proposer un manifeste pour que le cyclisme retrouve ses vertus, son crédit dilapidé. Pour qu'il se reconstruise sur la vérité.

Responsabiliser les instances

Retirer aux médecins d'équipe la supervision des contrôles sanguins

L'UCI a entériné (sciemment ?) une aberration en accordant la responsabilité des contrôles sanguins aux médecins des équipes dans le cadre du suivi médical longitudinal. Quand on sait que ces médecins sont rétribués par les équipes, cette mesure ne peut que susciter d'énormes doutes sur leur objectivité. Interrogé sur la question pendant le procès Festina, Hein Verbruggen a défendu cette disposition par un « j'ai confiance » de mauvais aloi. De multiples exemples de collusion entre praticiens et coureurs ont pourtant été relevés sous ses yeux. En la matière, la FFC a fait preuve de clairvoyance en se désolidarisant de cette mesure que l'UCI doit revoir sous peine d'encourager la suspicion.

Retirer aux instances la lutte antidopage

Absence d'une politique volontariste, conservatisme culturel, discours démagogiques et lénifiants, sanctions contre les repentis, répression insignifiante : la faillite des instances dans le traitement de la question du dopage se lit dans leur engagement depuis le Tour de France 1998. En bientôt trois ans, trop peu de mesures ont été adoptées ou réactualisées. Pathétique. Comme l'a souligné le président du tribunal de Lille, les autorités du cyclisme ont été spectatrices là où elles auraient dû être actrices. Leur responsabilité est engagée. En somme, tant que le monde sportif sera entre les mains des sportifs, le sport ne sera pas crédible. Les instances nationales ou internationales sont les émanations du monde sportif. Cette connivence leur interdit dès lors de juger en toute impartialité. La lutte antidopage doit être aux mains d'une institution indépendante (un ministère européen de la Jeunesse et des Sports) et de structures nationales placées sous son autorité (un Comité de prévention de lutte antidopage dans les pays concernés) dotées de tous les pouvoirs d'intervention

Indépendance des commissions disciplinaires

Prenons l'exemple de la commission fédérale d'appel de la FFC. Y siègent cinq personnes : deux anciens présidents de la FFC (Germain Simon et François Alaphilippe), l'avocat de la FFC (Paul Mauriac), le directeur général du Tour (Jean-Marie Leblanc) et un ancien journaliste (Jacques Marchand). On ne peut que rester perplexe : en se trouvant juge et partie, ces membres font nécessairement preuve de partialité. Cette commission devrait être composée de membres indépendants et supervisée par le ministère de la Jeunesse et des Sports.

Refonte du barème des sanctions

Le barème des sanctions instauré par l'UCI est trop ridicule pour être d'une quelconque utilité.

Durant de nombreuses années, combien de contrôles positifs ont-ils été sanctionnés d'un à trois mois de suspension avec sursis ? Il a fallu attendre 1998 (!) pour mettre un terme aux fameuses « sanctions » hivernales, celles qui interdisaient aux coureurs de participer à des compétitions au cours d'une période qui n'en proposait aucune...

Dernièrement, les six mois de suspension décidés par les instances à l'encontre des coureurs fautifs dans les nouveaux contrôles de détection de l'EPO vont dans le même sens de la complaisance. Or, puisque la détection suit avec retard les trouvailles de plus en plus sophistiquées du dopage, l'alternative n'existe pas : pour des adultes qui enfreignent des lois (sportives), la seule solution, d'ailleurs réclamée par certains coureurs eux-mêmes, relève de la peur du gendarme.

Pourquoi, en effet, les mesures sévères récemment prises à l'encontre des fraudeurs (redressement) ou des chauffards (retrait de permis), en matière sécuritaire, ne s'appliqueraient-elles pas à d'autres acteurs sociaux, tels que les tricheurs du sport ?

À mon sens, il faut distinguer, parmi la population cycliste, le jeune sportif du professionnel adulte. Pour le premier, on doit appliquer une sanction de six mois à la première incartade (la célèbre faute de jeunesse) ; à la deuxième, deux ans ; à la troisième, radiation à vie. Pour le second cas, la sanction s'élèvera à deux ans pour la première infraction ; radiation à la deuxième. Pour avoir côtoyé les professionnels, je sais que deux ans, ça les ferait réfléchir.

Car sanctionner sévèrement, c'est dissuader franchement.

Plus avant, il convient de prendre en compte la notion de fraude sportive sur laquelle les Italiens ont légiféré. Rien n'empêche la France de suivre cet exemple, indépendamment de l'UCI. Car la loi d'un pays se situe au-dessus d'un règlement sportif.

L'engagement des autorités médicales

Unifier les budgets de la recherche du dopage

Il faut regrouper les budgets de la recherche médicale au sein d'une structure internationale indépendante. Concentrer cette force financière pour valider des modes de détection. Mieux, même : anticiper. Je me souviens de la réaction de Jean-Pierre Lafarge, le prédécesseur de Jacques de Ceaurriz au poste de responsable du Laboratoire national antidopage de Châtenay-Malabry. Lors d'un entretien paru en juillet 1989, il avait été sans concession : « Il faut être clair : si nos laboratoires détectaient tous ceux qui se sont dopés, il n'y aurait plus de sportifs de haut niveau. »

Voilà un autre aspect dissuasif : coller à l'actualité du dopage. Puisque les détections sont toujours en retard d'une molécule (je rappelle que l'usage de l'EPO dans le milieu cycliste, détectée depuis à peine deux mois, a... treize ans d'âge), il serait opportun de mettre en place une cellule de recherche qui « penserait » comme les tricheurs sur la base des nouvelles formules connues ou déjà éventées (l'EPO-Like, le Biopure par exemple). Cette cellule devrait être placée sous l'égide d'une Agence mondiale antidopage (AMA), qui devrait toutefois laisser plus de pouvoir décisionnaire aux scientifiques, juristes et politiciens qu'aux représentants sportifs.

Adoption de la méthode de détection capillaire

Celle-ci a fait ses preuves quand il s'est agi de lire le passé dopant d'un cycliste (amphétamines, corticoïdes). Ces tests sont validés par la médecine légale depuis 1991. Ils permettent de condamner un individu à la réclusion à perpétuité, mais toujours pas un dopé à six mois de suspension. Il est permis de douter encore de la volonté de l'UCI sur ce point : Patrice Mangin était un fervent adepte de cette méthode avant qu'il ne rejoigne l'institut médico-légal de Lausanne, un laboratoire accrédité par l'UCI et le CIO, en 1996. Depuis que le procès Festina a révélé cette incohérence, Hein Verbruggen s'est cru obligé de ne pas se déclarer contre ce principe. On attend toujours.

Transparence des certificats médicaux

Il y a deux manières d'opérer pour juguler l'avalanche des justificatifs thérapeutiques qui souvent concernent deux types de produits : les corticoïdes et les bêta2-stimulants (Salbutamol) ;

1. Canaliser les bilans médicaux des coureurs vers des centres hospitaliers indépendants ;

2. En cas de doute, légaliser la transmission des dossiers médicaux, dont dispose l'UCI, vers une autorité indépendante et compétente comme le Comité de prévention de lutte antidopage. À charge pour le CPLD, avec possibilité de sanction, de convoquer les coureurs positifs aux corticoïdes afin de vérifier le bien-fondé de leur dossier médical...

Sensibiliser le corps médical

Interpellons le ministère de la Santé et l'ordre des médecins sur les abus sanitaires du sport de haut niveau. Mais aussi les médecins sportifs. Il est anormal que la seule injection vitaminée que j'aie reçue ait été faite lorsque j'ai honoré mon unique sélection en équipe de France amateur en 1979. Il est plus anormal encore qu'un coureur malade ne soit pas mis en arrêt de travail. Laisser Alex Zülle prendre le départ du Tour (1996) avec une clavicule cassée onze jours auparavant est un acte irresponsable. Le sport de haut niveau est devenu une maladie (607 cas d'asthmatiques relevés sur la population sportive des Jeux de Sydney, si l'on en croit les certificats médicaux...). Le statut d'assuré social du sportif de haut niveau est à revoir. La loi de la médecine du travail doit s'appliquer à ce secteur d'activité et prévaloir sur un médecin sportif qui s'abrite derrière le code de confidentialité.

Prévenir la fraude scientifique

Il faut faire admettre le principe de congélation des échantillons sanguins sur au moins cinq ans, comme le fit la championne Félicia Ballanger. Cette initiative aurait pour avantage de débusquer rétroactivement ceux qui ont eu recours aux méthodes avant-gardistes de dopage puisque le retard pris en matière de détection n'a fait que s'accroître.

Collaboration avec les laboratoires pharmaceutiques

Il convient d'établir une passerelle entre les laboratoires pharmaceutiques et la cellule de recherche de l'AMA, afin d'informer celle-ci des dernières études sur telle molécule ou tel produit de synthèse. Cela permettrait une recherche en temps réel. Un pourcentage important de la vente d'EPO est détourné au profit de l'industrie pharmaceutique. Levier essentiel de l'action sanitaire, celle-ci doit participer activement à cette transparence.

Les nouvelles sources de financement

Ce n'est pas aux contribuables de payer l'éventail de ces mesures mais bel et bien à ceux qui dégagent des bénéfices colossaux grâce au spectacle sportif.

Les grands organisateurs : la STF pour le Tour de France, RCS pour le Giro et Unipublic pour la Vuelta.

Placer une caravane antidopage sur les lignes d'arrivée ou assurer les frais de déplacement des échantillons prélevés sur les courses relèvent d'un suivi passif, pas d'une action de volontariat.

Les sponsors : comme l'avait suggéré le président Delegove durant le procès Festina, pourquoi les équipes qui se disent responsables ne retiendraient-elles pas 1 % sur leur budget pour financer la lutte contre le dopage ? C'est d'ailleurs la somme que l'on avait envisagé de débourser en 1998 (quatre cent mille francs) pour l'achat de produits dopants du temps où je dirigeais l'équipe Festina.

Les médias concernés : ceux qui tirent directement profit du sport, en l'occurrence France Télévision aujourd'hui et *L'Équipe*, sans s'investir. Si les droits de télévision sont constamment revus à la hausse (85 millions de francs annuels à la STF), c'est que le service public y trouve largement son compte. Et le jour où le journal organisateur cédera un centime (!) par exemplaire vendu, la somme globale annuelle dépassera le million de francs !

Créer une véritable force syndicale des coureurs

Voilà par où devraient commencer les coureurs au lieu de se tirer dans les pattes. En France (mais ailleurs également), le pouvoir de l'UNCP (Union nationale des cyclistes professionnels) est d'une totale indigence, l'individualisme séculaire faisant bien sûr le jeu des autorités. Les coureurs n'ont droit à aucune reconnaissance ni revendication sociales, ils sont symboliquement rassemblés dans des commissions minoritaires mais n'infléchissent en aucune manière une politique qui les concerne pourtant au premier chef. Un syndicat fort et légitime leur éviterait d'être des victimes consentantes, mises devant le fait accompli. Le jour où ils réaliseront qu'ils représentent une force incontournable dont les décideurs sont tributaires, les champions seront devenus adultes.

Une action pédagogique

Envers les jeunes

Une information de santé en partenariat avec le ministère de l'Éducation nationale, à l'image de ce qui se fait sur la drogue à l'école — deux phénomènes de société pas si éloignés — est nécessaire. Car le dopage touche plus de jeunes sportifs qu'on le croit. C'est pourquoi il faut engager une politique de communication préventive qui sensibilise très tôt les jeunes aux méfaits du dopage.

Envers leurs parents et leurs éducateurs sportifs

Il faut informer les parents et les éducateurs des risques de la médicalisation de leurs enfants, ce qui me paraît constituer le premier devoir d'une fédération. Il est aussi nécessaire de combattre la méconnaissance générale des effets physiologiques et psychologiques de la prise médicamenteuse. L'absorption d'un comprimé de vitamine C s'est largement substituée à l'orange pressée. Ce geste place l'enfant au début d'un engrenage qui peut déboucher sur une surmédicalisation. En croyant bien faire, le père d'un jeune sportif lui ouvre la porte à un cheminement pervers : du comprimé effervescent, on passe au Gurosan (vitamine C et caféine) ; au fil des compétitions, le jeune athlète passe plus naturellement à l'usage de la seringue, à l'injection d'une solution polyvitaminée. Il n'est alors plus très loin de sauter le pas vers les produits autorisés en deçà d'un certain seuil. Le passage du licite à l'illicite est l'ultime palier. Avec tous les dangers sanitaires qui en résultent.

Une démarche personnelle

À l'image d'associations qui se substituent à l'engagement des gouvernements successifs, j'ai entamé une action personnelle et bénévole sur le terrain depuis le début de l'année. À ma manière, j'effectue un « Tour de l'Ouest », à raison de deux ou trois villes visitées par département. Je vais à la rencontre des adolescents, accompagnés de leurs parents et de leurs dirigeants. Au cours de ces réunions interviennent des coureurs, anciens ou en activité (Xavier Jan, Stéphane Heulot, Marc Gomez...) et des délégués de la mission « Sport Net » de la direction départementale de la Jeunesse et des Sports. J'ai déjà effectué plusieurs interventions dans ce sens, à Lanester le 10 février 2001, à Saint-Grégoire (près de Rennes) le 6 avril, à Quimper le 26 avril, à Saint-Brieuc le 18 mai et à Vannes... D'une certaine manière, la boucle est bouclée ; je reviens à ma motivation originelle d'éducateur.

Peut-être est-ce là cette « réhabilitation » qui manquera à jamais à Éric Rijckaert.

Achevé d'imprimer en juillet 2001
sur presse Cameron
par ***Bussière Camedan Imprimeries***
à Saint-Amand-Montrond (Cher)

N° d'édition : 18303. N° d'impression : 013406/4.
Dépôt légal : juillet 2001.

Imprimé en France

ISBN : 2-01-235585-4